LA PAROLA E LE PAROLE

J. Maurus

MILLE E UNA STORIA

Briciole di saggezza orientale

Paoline

I disegni nel testo sono stati espressamente eseguiti dallo scultore Jury Tilman per questa edizione.

Via Francesco Albani, 21 - 20149 Milano
Distribuzione: Diffusione San Paolo s.r.l.
Corso Regina Margherita, 2 - 10153 Torino

PREFAZIONE

Anni fa Gandhi scrisse: « L'uomo non è altro che il prodotto dei suoi pensieri ». È stato anche detto che i grandi uomini sono quelli che riconoscono alla forza spirituale un valore di gran lunga superiore a quella materiale.

Ecco un volume di brevi storie, aneddoti e aforismi che, con semplicità e immediatezza, intende dare un piccolo contributo a sviluppare pensieri e riflessioni sulle relazioni fra gli uomini, sui loro ideali, sulle loro aspirazioni, sui loro sentimenti, sul loro rapporto con il trascendente, in una parola: sulla vita.

L'Oriente è da sempre fonte di saggezza per l'uomo occidentale, troppo spesso incapace di scrollarsi il peso delle cose materiali e da queste reso poco sensibile alle più evanescenti realtà spirituali, salvo quando lo spirito stesso, bistrattato, non reclami un po' di attenzione.

Non ci si attenda una formula che assicuri la saggezza, né si pensi che essa richieda una sistematica riflessione alla maniera dei filosofi. Tutti aspirano a una vita più piena, a una felicità più grande, ma talvolta, tormentati da questa febbrile ricerca, ci si dimentica di *vivere*.

La lettura di queste pagine intende semplicemente rinnovare la consapevolezza che, come suggerisce ancora Gandhi, « la vita è un mistero troppo grande perché possa essere compresa soltanto dal punto di vista umano. Per questo il più grande artista è colui che riesce a vivere la propria vita nel miglior modo possibile ».

RELAZIONI

Il grasso e il magro

Un uomo grasso e uno magro salirono sull'autobus e per caso si sedettero l'uno accanto all'altro. Il mingherlino, sentendosi un po' stretto, disse all'uomo seduto di fronte: «Sugli autobus si dovrebbe pagare il biglietto secondo il peso».

Ma il grasso ribatté: «Se lo facessero, lei dovrebbe andare a piedi».

In un'altra occasione il conducente aiutò una signora molto robusta a salire sull'autobus, ma guastò la sua buona azione dicendo: «Signora, lei dovrebbe fare una cura di lievito: la aiuterebbe a salire meglio!»

La signora, però, gli rispose per le rime: «Dovrebbe prenderlo lei il lievito, giovanotto, così anche le sue parole sarebbero più leggere!»

A volte parliamo con leggerezza e non ci curiamo delle conseguenze. Una buona parola non va mai perduta: passa da una persona all'altra e alla fine torna a noi. Invece «una parola mal detta va come saetta».

Due passi avanti

Durante la seconda guerra mondiale, un comandante allineò la sua compagnia per avere volontari destinati a una missione estremamente pericolosa. Spiegò la missione e quindi ordinò che facessero due passi avanti quelli che erano disposti a rischiare la vita.

A questo punto fu distratto da un sottufficiale che gli porse un messaggio. Quando si rivolse nuovamente ai suoi soldati, vide che la linea non era stata rotta.

« Come? Nemmeno uno? », gridò. E cominciò la solita ramanzina.

Non si era accorto che tutti i soldati avevano fatto due passi avanti.

La fretta non è mai una buona consigliera. Quando ci accorgiamo dell'errore o dell'ingiustizia commessa nei confronti degli altri, è troppo tardi.

« Se considero solo me stesso, fare il male è vergognoso; se penso a Dio, è esecrabile; se penso agli altri, è criminale » (Alban Goodier).

Non essere un guastafeste

Non essere un demolitore.

Non millantarti. Non sei la sola perla della spiaggia.

Sii sorridente.

Sii simpatico. È facile.

Sii uomo di pace. Lascia perdere le tue critiche.

Nascondi i tuoi crucci.

Rispetta tutti. Nessuno ha mai ricevuto benefici disprezzando gli altri.

Aiùtati e aiuta gli altri. Avrai uno stuolo di amici. Nessuno è mai diventato popolare calpestando i calli degli altri.

«Il cuore del sapiente, come uno specchio, deve riflettere tutto senza esserne appannato» (Confucio).

Il messaggio cifrato

Al concorso di radiotelegrafia si erano presentati in molti. Nella sala tutti parlavano e nessuno faceva attenzione ai punti e alle linee del messaggio comunicato dall'altoparlante.

Un ragazzo, che se ne stava seduto quieto, si alzò ed entrò nell'ufficio.

« Dimmi », gli disse uno degli aspiranti, « come sei passato davanti a noi? Noi eravamo qui prima di te! »

« È colpa vostra », rispose il ragazzo. « Chiunque avrebbe potuto avere l'impiego se avesse ascoltato il messaggio dell'altoparlante ».

« Quale messaggio? »

« Il codice diceva: "L'uomo che cerchiamo deve essere sempre vigile. Il primo che coglierà questo messaggio e verrà nell'ufficio sarà assunto come marconista" ».

« La mia regola è sempre stata di compiere il dovere del giorno in giornata » (Arthur Wellesley).

Non è facile

Non è facile:
chiedere scusa,
ricominciare da capo,
ammettere di aver sbagliato,
essere generoso,
accettare un sorriso di scherno,
essere perseveranti nelle difficoltà,
imparare dagli errori,
perdonare e dimenticare le offese,
riflettere e agire coraggiosamente,
utilizzare al massimo i doni di Dio,
accettare un rimprovero non meritato,
dominare un temperamento nervoso,
correggere una lingua maliziosa,
mettersi a disposizione della collettività,
difendere la vita.

No. Non è facile!

Non è facile riempire il cuore umano con le cose che questo mondo offre. Il cuore umano è così grande da contenere ogni misura di felicità, ma solo Dio può appagarlo pienamente.

J. TILMAN
1995.

L'abito non fa il monaco

Un artista, vestito in maniera un po' trasandata, si aggirava per le vie della città, quando sentì una voce femminile che si indirizzava a lui: «Signore! Per favore, mi porti questa borsa».

Girandosi, vide una donna molto bella e subito le rispose: «Molto volentieri».

La seguì da un negozio all'altro, portando pacchetti e pacchettini. Giunti alla sua abitazione, la donna aprì il borsellino e vi cercò confusamente alcuni spiccioli per ricompensarlo.

Ma egli rifiutò: «Signora, io non sono un facchino, nonostante il mio aspetto. Sono un artista. Mi considererò pienamente appagato se potrò ritrarre il suo viso così bello. Presenterò l'opera alla mia prossima esposizione».

L'apparenza può ingannare e consiglia prudenza nei giudizi.

Deduzione logica

Mariolino, vedendo i continui bisticci tra papà e mamma, domandò:

« Mamma, che cosa si dicono due persone quando vogliono sposarsi? »

« Si promettono di amarsi e di essere sempre gentili e cortesi l'una con l'altra ».

« Allora, tu non sei sempre sposata! », ribatté Mariolino.

Sia in casa sia nella società, in fabbrica o in ufficio, le nostre relazioni siano ispirate a gentilezza. Non costa nulla ed è fonte di felicità.

> *« Gentilezza nel parlare crea fiducia,*
> *gentilezza nel pensare crea intimità,*
> *gentilezza nel donare crea amore ».*
>
> (Lao Tse)

Questione di rango

Poco dopo l'attacco giapponese a Pearl Harbour, il presidente degli Stati Uniti, Franklin Delano Roosevelt, allora comandante di brigata, era all'aeroporto, in attesa di salire a bordo di un aereo.

Un marinaio corse allo sportello per avere un biglietto. « Devo vedere mia madre », disse, « e non ho molto tempo ».

La signorina, senza scomporsi, rifiutò di dare il biglietto e osservò: « Siamo in guerra e la sua priorità non è sufficiente ».

Il Presidente si fece avanti e cedette il proprio posto al marinaio, spiegando: « È questione di rango. Io sono solo un generale, lui è un figlio ».

« Le grandi verità sono le più semplici; e così sono anche gli uomini grandi » (A.W. Hare).

La vera ricchezza

Mark Twain, sempre un po' paradossale, osservava: « Cerchiamo di vivere in modo che, quando moriremo, anche il becchino sia dolente per la nostra scomparsa ».

Si piange la scomparsa di coloro che hanno cercato di rendere migliore la società, schierandosi con gli emarginati e lavorando per gli ultimi. Quelli che hanno arricchito la società con un servizio generoso e costante sono amati e trasmettono la propria ricchezza ad altri.

« Tutto è destinato a perire in questo mondo. Potere e volontà svaniscono, ma la virtù di un nome grande dura per sempre » (Rama Pratap Singh).

Indagini a sorpresa

Un giovane si innamorò di una brava ragazza che faceva l'attrice. Dopo un breve fidanzamento decisero di sposarsi. Tuttavia l'innamorato volle prima conoscere meglio la futura sposa e ingaggiò un investigatore privato, il quale non aveva alcuna conoscenza del proprio cliente.

Nel rapporto c'era scritto: «Il suo passato è pulito, le sue compagne sono senza macchia. C'è solo un piccolo indizio di scandalo: negli ultimi mesi è stata vista spesso in compagnia di un giovane di dubbia reputazione».

Abbiamo sempre la tentazione di stimarci più degli altri. Se cerchiamo di vederci come gli altri ci vedono, avremo un'opinione più adeguata di noi stessi.

1995.

«Io sono il caporale!»

Durante la guerra di indipendenza degli Stati Uniti d'America, in piena battaglia, il caporale ordinò al suo plotone, sbraitando, di alzare un grosso tronco d'albero.

George Washington, che passava di lì, disse al caporale: «Perché non li aiuta?»

«Signore, io sono il caporale!»

Washington gettò via la giubba, si rimboccò le maniche e si buttò in mezzo al gruppo. E disse: «Caporale, quando ha bisogno d'aiuto per un lavoro pesante, chiami il suo generale».

Per essere di sostegno agli altri, dobbiamo essere umili, generosi e gentili. Solo così diamo un tono alla vita.

Troppo tardi

Una vecchietta si offese perché la sua vicina non l'aveva invitata a una merenda all'aperto, in giardino. Era stata una dimenticanza: poco dopo l'invito arrivò anche a lei.

« È troppo tardi », ribatté la vecchietta, tutta innervosita. « Ho già pregato il cielo perché mandi la pioggia! »

Quando ci attacchiamo alle inezie e persistiamo nel vendicarci di piccole disattenzioni, facciamo male a noi stessi e agli altri. L'amore regna solo dove c'è comprensione.

Antipatie

Un professore di psicologia chiese ai propri studenti di scrivere in trenta secondi le iniziali delle persone che erano loro antipatiche. Alcuni studenti diedero le iniziali di una sola persona, altri quelle di una decina.

Da questa piccola indagine risultò che gli studenti che avevano indicato il maggior numero di persone antipatiche erano a loro volta le persone meno amate.

Quando una persona mi è antipatica, devo domandarmi: «Che cosa c'è che non va in me?»

Noi siamo inclini a proiettare i nostri difetti sugli altri. Essi sono specchi, nel senso che ciò che noi vediamo in loro è il riflesso della nostra personalità.

«L'uomo non ha nemico peggiore di se stesso» (Cicerone).

La gentilezza non costa nulla

Quando andò per la prima volta a Natal (Sudafrica), dove cominciò il suo movimento di non violenza, Gandhi pranzò in un ristorante. Al termine del pranzo disse al cameriere: « Grazie per il suo pronto e gentile servizio ».

Il cameriere apprezzò le sue parole: « Non mi dimenticherò di lei. Sono poche le persone che ringraziano per il servizio ».

La gentilezza non costa nulla e ottiene grandi benefici. Piccoli atti di gentilezza sono come un mazzo di lavanda chiuso in un cassetto che profuma tutta la casa.

Cuori gentili sono il giardino,
pensieri gentili sono le radici,
parole gentili sono i fiori,
atti gentili sono i frutti.

« *Una parola gentile riscalda per tre mesi d'inverno* » (proverbio giapponese).

Alla mercé dei pettegolezzi

In compagnia dei pettegoli, l'uomo è destinato ad avere la peggio, qualunque cosa faccia.

Se è povero, è un cattivo amministratore. Se è ricco, è perché ha imbrogliato o ha avuto un colpo di fortuna.

Se si occupa di politica, lo fa solo per interesse. Se non se ne occupa, non è abbastanza furbo per avere un incarico governativo.

Se non fa la carità, è un avaro. Se è caritatevole, lo fa per farsi bello.

Se è un uomo di Chiesa, è un ipocrita. Se non è membro di qualche gruppo religioso, difficilmente si salverà.

Se dimostra affetto, è un sentimentale. Se è moderato nei suoi affetti, non ha sangue nelle vene.

Se muore giovane, aveva la prospettiva di un grande futuro. Se raggiunge la tarda età, ha fallito la sua missione.

Marito e moglie

Il piccolo Tom domandò alla mamma: «Mamma, dove va l'acqua del mare quando la marea è alta?»

La mamma era stanca. Il marito la lasciava sola in casa, specialmente la sera. Rispose: «E che ne so io? Non so nemmeno dove va tuo padre quando esce di casa!»

La casa è felice quando marito e moglie stanno insieme e godono la compagnia l'uno dell'altra e dei figli.

Lei: «Non vali un soldo!»
Lui: «E tu sei la mia metà!»

Un uomo di poche parole

Un amico domandò a un imprenditore perché fosse così parco di parole nei suoi affari. Questi gli mostrò una locandina appesa al muro del proprio ufficio: « Signore, insegnami a tenere la bocca chiusa ».

Siamo inclini a parlare troppo.
Le parole sono soltanto suoni se non comunicano la verità del pensare e l'onestà del vivere.

« Uno può parlare senza fine e tutto quel parlare non dice nulla. Un altro invece tace, non parla, e col suo non parlare dice molto » (Martin Heidegger).

Il nome nel cassetto

Il caricaturista John Leech aveva criticato Disraeli per trent'anni. Eppure quando, nel 1868, Disraeli divenne ministro, fece una raccomandazione per i figli di Leech.

Nel 1874 offrì il più alto riconoscimento a Thomas Carlyle, sebbene questi, in più occasioni, gli avesse dato della scimmia.

Disraeli spiegava: «Non mi preoccupo di vendicarmi. Quando un uomo mi insulta, io scrivo il suo nome su un pezzo di carta e lo metto nel cassetto. E con sorpresa posso dire che gli uomini così catalogati hanno la capacità di essere dimenticati».

Enrico IV diceva: «La soddisfazione che si trae dalla vendetta dura solo un attimo; quella che deriva dalla clemenza è eterna».

«Dobbiamo controllare la rabbia con la calma, il male con il bene, l'avarizia con la carità, la falsità con la verità» (Buddha).

La volpe e il piccolo principe

Le persone si educano reciprocamente, come nel *Piccolo principe* di Antoine de Saint-Exupéry.

« Non posso giocare con te », disse la volpe. « Non sono abbastanza addomesticata ».

« Ah, scusa! », fece il piccolo principe.

Ma dopo un momento di riflessione soggiunse: « Che cosa vuol dire *addomesticare*? »

« È una cosa troppo spesso dimenticata. Vuol dire *creare legami*... »

« Creare legami? »

« Certo! », disse la volpe. « Tu finora, per me, non sei che un ragazzino uguale ad altri centomila ragazzini. Io non ho bisogno di te. E neppure tu hai bisogno di me. Io per te non sono che una volpe uguale a centomila altre volpi. Ma se tu mi addomestichi, noi avremo bisogno l'uno dell'altra. Tu sarai per me unico al mondo e io sarò per te unica al mondo ».

« Comincio a capire », disse il piccolo principe.

«Se vincessi un miliardo...»

Era un giorno piovoso e buio. Per infondere un po' di brio nella scolaresca distratta, la maestra propose a tutti di svolgere il tema: «Che cosa farei se vincessi un miliardo».

Tutti si misero a scrivere, presi dalla fantasia di avere un miliardo in tasca. Ma Gino chiuse gli occhi e, con le mani incrociate, si riposava ozioso. La maestra lo osservò, gli si avvicinò e gli disse:

«Gino, non fare il poltrone! Devi svolgere il tema: "Che cosa farei se vincessi un miliardo"!»

«Signora maestra, questo è ciò che farei se avessi tutti quei soldi!»

Molti preferiscono stare con le mani in mano, tenere tutto per sé, invece di condividere con gli altri il frutto delle proprie capacità. Da' al mondo il meglio che hai, e il meglio tornerà a te!

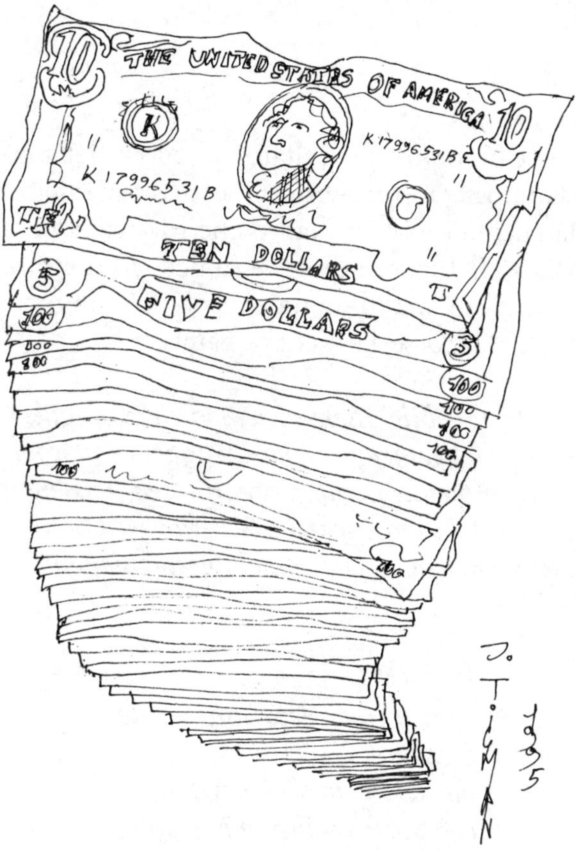
10
THE UNITED STATES OF AMERICA
10
K17996531B
K17996531B
TEN DOLLARS
5
FIVE DOLLARS
100

Un furto sventato

Un uomo fu svegliato nel cuore della notte da uno strano rumore. Si alzò, si diresse verso la cucina e vide un ladro che rubava le posate. Puntò il fucile e disse: «Amico, io non vorrei farti male, ma tu sei nel mirino del mio fucile».

Il ladro se la diede a gambe.

È possibile essere al tempo stesso gentili e risoluti, delicati ed energici nel difendere i propri diritti. In poche parole, dissentire senza essere sgradevoli. Chiunque cerchi la verità ha l'obbligo di essere cortese, anche con chi non condivide le sue idee.

«Hai ricevuto una gentilezza?
Passala.
Non è stata data solo per te.
Passala.
Fa' che cammini negli anni,
che possa asciugare le lacrime di un altro.
Finché si giunga al cielo,
passala».

(Henry Burton)

La lettera

Il matrimonio di una giovane coppia stava andando alla deriva. La moglie volle salvarlo a ogni costo. Fece un esame di coscienza e pregò lo Spirito per aver luce. Quindi scrisse al marito questa lettera:

«Caro, ti prometto che
– non ti metterò mai in difficoltà;
– farò attenzione a quello che dici;
– abbasserò il volume del televisore quando leggi il giornale;
– non farò paragoni tra i tuoi amici e i miei;
– non insisterò sullo stesso argomento una volta che la discussione è finita;
– non ti farò aspettare».

Questo atto generoso sciolse il ghiaccio. Il marito ammise che nemmeno lui era senza difetti. Ben presto l'armonia e la pace furono ristabilite.

«Bisogna essere in tre per sposarsi bene: lui, lei e Dio» (Fulton Sheen).

Solo!

È triste la parola « solo ».

Tutti, in un momento o nell'altro, hanno fatto l'amara esperienza della solitudine. Quante persone sono destinate non soltanto a conoscere che il mondo è difficile, ma anche a coabitare con l'amarezza di essere soli.

La solitudine è un grave peso, specialmente quando non si ha Dio per compagno.

Incontriamo donne e uomini soli in casa, negli ospedali, per le strade delle città, nelle carceri.

Un modo per vincere la solitudine è avere e coltivare amicizie, allargare le relazioni umane senza pregiudizi.

Fa' che tutti quelli che incontri diventino tuoi amici.

Fa' amicizia con il mondo intero.

La maniera per avere amici è essere se stessi.

Diritto di precedenza

Due uomini si incontrarono su una passerella stretta, sopra un torrente.

Uno doveva cedere il passo all'altro. Si guardarono in cagnesco. Nessuno dei due era disposto a dare la precedenza.

Uno disse: « Si muova, mi lasci passare! »

L'altro rispose: « Stavo per fare la stessa richiesta ».

« Stupidaggini! », ribatté il primo. « Io non cedo mai il passo a uno sciocco ».

E il secondo, mettendosi di lato: « Io sì ».

Sulle strade della vita molte volte essere gentili è convenienza, ma nel traffico di una strada è saggezza.

I saggi imparano a spese altrui, gli stolti a spese proprie.

Sorridi!

Nel suo libro *L'arte della longevità*, Louis Chapuis scrive: « Se vi sentite mancare di coraggio o di fiducia, sorridete a voi stessi e vi ritemprerete. Sorridete all'incontro con ogni persona: così la incontrerete davvero. Chi vi vede sorridere vi si avvicinerà tanto più amichevolmente quanto più aperto sarà il vostro sorriso e quindi il vostro cuore.

« Sorridetevi quando siete soli: così facendo vi migliorerete dentro e migliorerete tutto anche fuori. Il sorriso vi libera dalle angustie, vi apre, vi eleva e vi raffina ».

Il sorriso non viene da sé, bisogna volerlo. La vita senza sorriso è una lampada senza olio. La mente limpida e serena, il cuore amoroso, le labbra belle sorridono volentieri.

Il sorriso è vantaggioso anche per gli altri che vivono accanto a noi ed è la migliore dimostrazione della nostra solidarietà.

La busta vuota

Un piccolo imprenditore, volendo mettere sul mercato un nuovo cosmetico, decise di commercializzarlo per posta.

La signorina assegnata al compito era poco esperta. Per sbaglio spedì le buste senza la lettera che illustrava il nuovo prodotto. L'errore fu scoperto solo quando cominciarono ad arrivare lettere e telefonate di consumatori che chiedevano spiegazione della busta vuota.

L'errore suscitò intorno al prodotto più interesse di quanto ci si fosse aspettati. A conti fatti, l'imprenditore fu contento.

Anche i saggi sbagliano. Solo gli insipienti non si correggono dei propri errori.

«Noi continuiamo a illuderci sui nostri sbagli finché, alla fine, li consideriamo virtù» (H. Heine).

Giocare è importante

Se in famiglia si lascia spazio al gioco, la famiglia stessa rimane unita, perché il gioco ha molti elementi che favoriscono lo sviluppo sociale, fisico ed emozionale della persona.

Secondo A. Scheilders, il gioco

– è divertente, quindi stimola le tanto importanti buone relazioni familiari;

– riduce le frustrazioni, l'ansietà e l'ostilità, quindi promuove l'igiene mentale;

– soddisfa bisogni fondamentali come il desiderio di fare esperienza, di aver successo, il desiderio di partecipazione e di accettazione, specialmente quando vincere richiede abilità;

– sviluppa virtù come l'imparzialità, la fedeltà alle regole, l'onestà, il saper vincere e perdere, dare e ricevere, atteggiamenti che hanno una notevole implicazione sociale.

«*L'uomo è veramente uomo soltanto quando gioca*» (Friedrich Schiller).

L'acqua del deserto

Un arabo, viaggiando attraverso il deserto, raggiunse un pozzo. Si dissetò con l'acqua fresca, ne riempì la borraccia di pelle e continuò il viaggio per parecchi giorni.

Arrivato a Baghdad, volle fare dono dell'acqua al governatore. Era tutto quello che aveva. Il califfo accettò il dono con gratitudine e a sua volta ricompensò l'ospite con doni.

I cortigiani chiesero al califfo di assaggiare l'acqua del deserto, ma egli negò loro questo privilegio.

Quando l'arabo fu lontano, il califfo spiegò il proprio comportamento: l'acqua della borraccia era inquinata e puzzolente: sapeva che, se altri ne avessero bevuto, ne avrebbero disprezzato il generoso donatore.

Delicatezza è una parola grande che si pratica nelle cose piccole.

SOLIDARIETÀ

Una piccola vita

Durante la guerra di Corea due soldati americani, incaricati di stendere il filo telefonico, passarono attraverso un villaggio che credevano abbandonato. Invece vi trovarono un bambino, mezzo morto per il freddo e per la fame.

Essi se ne presero cura finché non incontrarono alcune donne che accettarono di tenerlo con sé. Grande fu la meraviglia delle donne per il fatto che due soldati, in piena guerra, avessero avuto la delicatezza e il tempo di amare una piccola vita.

«Ricordati che l'uomo è il rappresentante di Dio per servire tutto quello che vive. Sia il servizio la tua sola gioia, e non avrai bisogno di altro piacere nella vita» (Gandhi).

Un buon impiego

Una ragazza, laureatasi con lode, si mise a cercare un impiego che pagasse bene, non richiedesse troppo lavoro e garantisse molti giorni di ferie.

Trovato l'impiego, scrisse a un amico per dirgli quanto fosse stata fortunata. L'amico le rispose: « Tu non solo sei "fortunata", ma sei anche "assente" ». E aggiunse che era un vero peccato che lei sprecasse i suoi doni di intelligenza e creatività in una vita così egoistica.

La ragazza rifletté e cambiò lavoro. Volle impegnarsi a essere solidale con gli altri, con il preciso obiettivo di aver cura di sé (solidarietà nella propria famiglia), dell'altro (solidarietà nel mondo), dell'ambiente (solidarietà e testimonianza di giustizia e di pace nella comunità).

« Lo scopo principale della vita è vivere rettamente, pensare rettamente, agire rettamente. Lo spirito languisce quando ci dedichiamo solo al corpo » (Gandhi).

Sentenza annullata

André era un bravo attore, ma un modesto nuotatore. Tuttavia, quando vide che una donna stava annegando nel fiume, si gettò nell'acqua senza esitazione e la trasse in salvo, anche se con difficoltà.

Il marito della signora, volendo dimostrare la sua gratitudine, cercò di fargli avere una medaglia. Indagando nel passato di André, il commissario scoprì che era ricercato dalla polizia perché durante la guerra aveva combattuto come volontario a fianco dei tedeschi. La corte militare lo condannò, ma poi annullò la sentenza, perché André aveva rischiato la propria vita per salvarne un'altra.

Per molte persone una parola di incoraggiamento, un atto di gentilezza o di confidenza possono rappresentare la differenza tra la disperazione e la speranza.

«L'uomo si rivela all'uomo nell'amore e nella condivisione» (S. Radhakrishnan).

Un piccolo desiderio

Il poeta Eugene Field entrò in un ristorante. Era stanco e depresso. Il cameriere, piuttosto impaziente, gli lesse velocemente una sfilza di piatti. Field lo guardò tristemente e gli disse: «Amico, io non voglio niente di tutto questo. Quello che desidero è una tazza di caffè e qualche parola di amicizia».

Qualsiasi persona può comunicare la gioia semplice che deriva dalle piccole cose della vita quotidiana. Un commesso, un bigliettaio, un autista, un cameriere possono infondere luce e gioia nelle persone con cui vengono a contatto grazie a un semplice sorriso, una parola, un gesto amichevole.

«Sia io un po' più gentile,
sia io un po' più cieco
ai difetti degli altri».
(E.A. Guest)

Il coraggio di amare

Due sposi andarono all'orfanotrofio per adottare due bambini. La direttrice li invitò a riempire un modulo, poi disse: « Adesso vi conduco a vedere due dei bambini più belli dell'orfanotrofio ».

« Per favore, no! », ribatté la moglie risoluta. « Noi non vogliamo i bambini più belli, ma quelli che nessun altro adotterebbe ».

Se frequentiamo solo persone simpatiche e a noi congeniali, non usciamo dallo stretto circolo di noi stessi. Per una pienezza di vita dobbiamo offrire la nostra attenzione a coloro che ne hanno poca e quindi ne hanno più bisogno.

« Dio preferisce gli uomini comuni. È questa la ragione per cui ne ha creati tanti » (Abramo Lincoln).

Il valore di un sorriso

È ormai nota la storia di padre Walsh, il missionario che, durante la seconda guerra mondiale, si trovò di fronte un soldato giapponese con la baionetta puntata e gli occhi pieni di odio.

Il soldato voleva ucciderlo, ma padre Walsh, sorprendentemente, sorrise. Il giapponese, disorientato, si fermò e lo fissò. Si sarebbe aspettato resistenza, odio, risentimento, e invece si trovava di fronte a qualcosa di imprevisto. Guardò intensamente il prete e, con l'aria di un ragazzino, cominciò a sorridere a sua volta.

Quando più tardi padre Walsh, destinato al campo di concentramento, tornò al suo alloggio per raccogliere i pochi abiti che aveva, li trovò già piegati e impacchettati, dal soldato giapponese.

Esistono diversi tipi di sorriso: il sorriso superficiale dell'uomo sensuale; il sorriso che esprime sensibilità e intelligenza; il sorriso più significativo e profondamente interiore che richiede una «percezione spirituale».

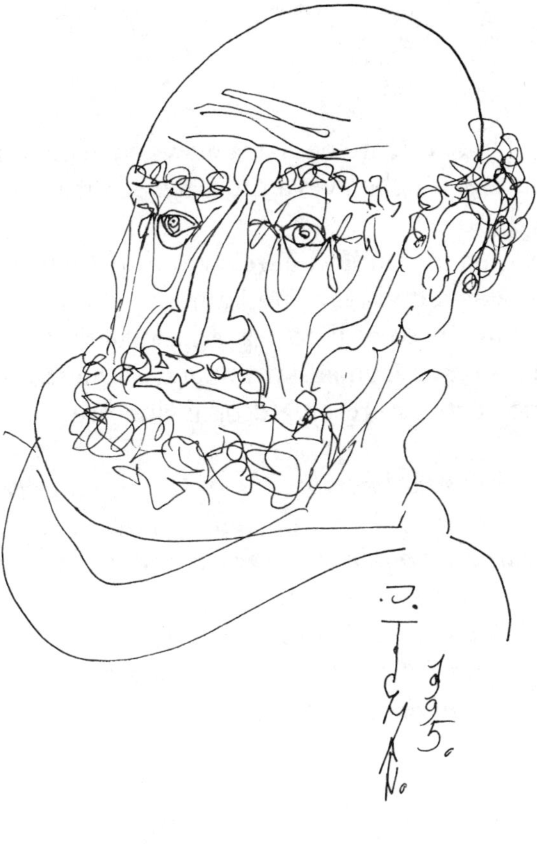
1995.

La migliore terapia

Un eminente pediatra aveva messo a punto una terapia che aveva un successo sicuro e immediato.

Quando andava al reparto di pediatria dell'ospedale e visitava un bambino che non guadagnava peso o dimostrava un malessere generale, prescriveva all'infermiera: « Questo bambino deve essere amato ogni due ore ».

Non solo i bambini hanno bisogno di amore. I medici sono d'accordo nell'affermare che molte malattie sono indotte dalla carenza di amore e da un senso di insicurezza.

L'amore per il prossimo è sempre il miglior antidoto sia per gli altri sia per noi stessi.

Amore diventa vita e salute.

La signora con la lampada

Florence Nightingale è considerata la fondatrice dell'assistenza ai malati nel senso moderno della parola. Nata a Firenze in una famiglia agiata, rinunziò a tutto per servire.

Le parole ispiratrici della sua professione di fede meritano una riflessione.

« Prometto solennemente davanti a Dio e a questa assemblea che

– passerò la mia vita in purezza e praticherò la mia professione fedelmente;

– mi asterrò da qualsiasi cosa sia nociva e io stessa non prenderò né somministrerò coscientemente alcun farmaco pericoloso;

– farò il possibile per elevare il livello della mia professione e manterrò il segreto su tutte le notizie personali e di famiglia delle quali sarò venuta a conoscenza nell'esercizio della mia professione;

– con lealtà cercherò di aiutare il chirurgo nel suo lavoro e mi dedicherò con devozione al benessere di tutti quelli che mi sono stati affidati ».

Il pacco

Nel 1951, in una città giapponese, una bambina consegnò un pacchetto di libri al direttore delle carceri: « Per favore, consegni questi libri a un condannato a morte ». Insieme c'era un biglietto con scritto: « Agli occhi di Dio anche un criminale è suo figlio ».

Il prigioniero che ebbe il pacco, condannato per un triplice omicidio, indirizzò una letterina alla piccola, nella quale diceva: « Io sono un vero criminale e ho paura della morte che dovrò incontrare fra poco. Ma adesso ho meno paura... Dio ti benedica ».

Molti sono i modi e le occasioni per comunicare Dio a chi ne ha bisogno, specialmente verso la fine della vita.

Una grande orchestra

Artur Rodzinski, celebre direttore della New York Philharmonic Orchestra, una volta dichiarò: «Nella nostra orchestra ci sono uomini di varie nazionalità, diversi per tipo e per temperamento. Abbiamo imparato a dimenticare le simpatie e antipatie e le diversità di carattere per amore della musica, alla quale abbiamo dedicato la vita. A volte mi domando se i problemi del mondo non si possano risolvere sulla base di una simile armonia.

«Pensate quali risultati un individuo può ottenere nella sinfonia con il controllo delle proprie peculiarità e ambizioni per amore della musica... Solo quando ciascuno di noi e ciascuna nazione avrà imparato il segreto dell'amore, il mondo diverrà una grande orchestra guidata dal più grande Direttore di tutti».

«Chi vede Lui in tutti e tutti in Lui, non odia nessuno. Chi è sensibile agli altri come è sensibile verso se stesso, ama tutti» (Ishopanishad).

Il bacio della pace

A Baghdad, H.V. Morton partecipò alla messa in rito caldeo. Nel suo libro *Attraverso le terre della Bibbia* descrive il « bacio della pace »:

« Ci fu un momento solenne, quando il sacerdote diede "il bacio della pace" a due accoliti. Con le mani che avevano appena toccato il calice, egli toccò le mani dei due ragazzi, i quali vennero nella navata per toccare a loro volta le mani protese verso di essi.

« Io ero in testa alla fila e uno di essi prese le mie mani tra le sue e passò oltre. Il mio vicino, un uomo grosso, rude, vestito di stracci, un uomo che preferirei non incontrare in un vicolo scuro, si rivolse a me con le sue mani, pronto a ricevere il "bacio". Quando notò che ero uno straniero, non seppe che cosa fare e, imbarazzato, lasciò cadere le braccia. Io gli offrii le mie mani, con il bacio della pace ancora fresco. Ed egli, con un sorriso di gratitudine, una cosa bella da vedersi su quel volto duro, toccò le mie mani con le sue e passò ad altri la benedizione ».

« Siamo angeli con un'ala soltanto. Possiamo volare solo restando abbracciati » (Luciano De Crescenzo).

Due estranee

Lo scrittore russo Turgenev racconta che un giorno il Signore fece un banchetto, al quale invitò tutte le virtù. Esse si radunarono, piccole e grandi, eroiche e timide. Allegre e chiacchierine, riempirono la sala. Gustarono le vivande e rinnovarono l'amicizia che, del resto, non era mai venuta meno.

Il Signore godeva della loro compagnia e apprezzava la loro conversazione vivace. Notò però che due belle virtù stavano un po' appartate. Sembrava che non si conoscessero affatto ed evitavano di incontrarsi. Allora il Signore prese per mano una di esse e la presentò all'altra: « Benevolenza », disse, « questa è Gratitudine ».

Grande fu la meraviglia delle due virtù nel constatare che non si erano mai incontrate prima.

Se dài, dimentica; se ricevi, ricorda.

Niente di straordinario

Un cane, bianco con la punta della coda nera, giaceva morto ai margini della strada. Alcuni ragazzini lo guardavano con le lacrime agli occhi. Un uomo si fermò e disse:

« Deve essere stato un buon cane da caccia ».

« Chi, Spot? No! Non era niente di speciale », rispose un ragazzo.

« Era un buon cane da guardia? »

« No ».

« Era un buon corridore? »

« No... »

« Be', se non era niente di straordinario, perché aveva tanti amici? »

Il ragazzo guardò tristemente il cane:

« Vede la coda? Spot la dimenava ogni volta che ci incontrava. Forse non era il cane più bravo che si potesse desiderare, ma era buono, e noi eravamo felici di stare con lui ».

« La felicità è una merce meravigliosa: più se ne distribuisce, più se ne ha » (Blaise Pascal).

Sotto la pioggia

Pioveva. Una signora che viaggiava in taxi vide una vecchietta sotto la pioggia, che aspettava l'autobus. La signora chiese al tassista di fermarsi. Invitata l'anziana donna a salire, si offrì di accompagnarla a casa, anche se, come venne a sapere, l'abitazione della vecchietta era abbastanza distante. La tariffa fu alta ma, quando la signora aprì la borsetta per pagare, il tassista si offrì di pagare la metà.

La carità è contagiosa. Le azioni parlano più forte delle parole. Dimostrando amore e considerazione verso gli altri, incoraggiamo gli altri a fare altrettanto.

«Sii gentile con tutti, socievole con molti, intimo con pochi; amico di uno, nemico di nessuno» (Benjamin Franklin).

L'amore comincia in famiglia

Un vecchio proverbio dice: « L'amore comincia in famiglia ». Certamente non deve finire lì. Deve riversarsi sul mondo, che ne è tanto assetato. L'amore non si estende agli altri se prima non è praticato e nutrito in famiglia.

Nel realizzare la verità del proverbio citato, ciascun membro della famiglia osserverà quelle preziose regole di attenzione e gentilezza, di semplicità e onestà, che non mancheranno di influenzare la società.

Spargi l'amore a piene mani!
È l'unica impresa nella quale
più si spende, più si guadagna.
Regalalo, buttalo via,
spargilo ai quattro venti,
svuotati le tasche,
scuoti il cesto,
capovolgi il bicchiere.
Domani ne avrai più di prima.

La cura giusta

Un uomo d'affari, accecato dall'egoismo e oberato dagli impegni di lavoro, ebbe un esaurimento nervoso. Il medico gli consigliò di prendersi una vacanza in montagna.

Quando arrivò alla stazione, l'uomo vide una vecchietta che piangeva, seduta sola in un angolo della sala d'aspetto. Le si avvicinò e le domandò la causa del suo dolore. La donna rispose che era venuta a trovare suo figlio, ma aveva perso l'indirizzo.

L'uomo d'affari si interessò al suo caso, trovò il nome del figlio nell'elenco telefonico, chiamò un taxi e accompagnò la vecchietta a casa.

Quella sera era felice, calmo, sereno. Alcuni giorni dopo scrisse al suo medico: « Dottore, finalmente mi sento un uomo. Mi sono interessato agli altri e quando ho potuto li ho aiutati: ho trovato la mia cura ».

Il servizio al prossimo è la terapia più efficace per i mali causati dall'amore di sé. E la cura ha effetti spirituali, psicologici e fisici.

Il giardino dei ciechi

In un giardino pubblico di Exeter (Inghilterra) c'è *il giardino dei ciechi*. È facilmente accessibile, quieto, con fiori appositamente scelti per il loro profumo. Le aiuole sono elevate per consentire ai visitatori di sentirne le fragranze senza chinarsi.

Una targhetta scritta in *braille* dice: «Ai ciechi di Exeter. Queste piante sono state scelte per il vostro godimento, con il pensiero che il vostro primo piacere in un giardino deriva dai dolci profumi che vi trovate».

Le cose essenziali per la felicità sono:
qualcosa da fare,
qualcosa da amare,
qualcosa da sperare.

Che cosa hai fatto per gli altri?

Quando sarai davanti a Dio per il tuo rendiconto finale, egli non ti domanderà:

se sei stato popolare durante la vita,
se sei stato membro di associazioni,
se eri ben vestito,
se ti sei divertito,
se avevi un grosso conto in banca.

Egli ti domanderà che cosa hai fatto per gli altri:

se hai nutrito gli affamati,
se hai vestito i nudi,
se hai accolto i forestieri,
se hai consolato gli afflitti,
se hai tenuto compagnia agli emarginati,
se hai servito i malati,
se hai comunicato la verità,
se hai rivelato il suo amore.

«Fa' in modo che gli uomini seguano la dottrina di una vita buona, non di una vita cattiva. Il giusto riposa felice sia in questa vita sia in quella futura» (Buddha).

Un primato non invidiabile

Un ricco e anziano signore lasciò una grossa somma di denaro ai poveri e a vari istituti di carità, ma preferì che quelle donazioni fossero anonime, come confidò a un amico, perché non si pensasse che l'avesse fatto per vanagloria.

Il suo scopo era fare del bene mentre era ancora vivo. « Non mi piacerebbe essere conosciuto come l'uomo più ricco del cimitero! », avrebbe esclamato.

Il nostro destino eterno è segnato dall'uso che facciamo delle cose che possediamo. Batti il ferro mentre è caldo.

Chi perdona imita Dio

Bello è il proverbio: «Errare è umano, perdonare è divino», ma raramente lo mettiamo in pratica.

Se un amico ci offende, rimuginiamo la sua ingratitudine.

Se un parente non ci guarda, ci teniamo lontani da lui.

Se un collega d'ufficio ci muove una critica, immediatamente rispondiamo per le rime.

Se nutriamo sentimenti mediocri e ripaghiamo con meschinità, non facciamo che aggiungere miseria al mondo a scapito della nostra felicità.

Vogliamo essere divini? Perdoniamo.

Vogliamo essere caritatevoli? Dimentichiamo.

La carità nelle sue varie manifestazioni è sempre la realizzazione del regno di Dio per la felicità dell'uomo.

La gramigna

Un uomo che curava molto il suo prato a tappeto non riusciva a liberarlo dalla gramigna. Usò tanti espedienti, chiese tanti consigli: nessun risultato.

Un amico gli suggerì: « Perché non impari ad amarla? »

Nel porre rimedio a situazioni apparentemente disperate, un procedimento di tipo positivo porta migliori risultati. E se tutti i metodi falliscono, è raccomandabile seguire il motto delle forze armate degli Stati Uniti d'America: « Il difficile lo affrontiamo subito. Per l'impossibile prendiamo un po' di tempo ».

« Molte volte la prova di coraggio consiste non nel morire, ma nel vivere » (Vittorio Alfieri).

RISORSE

Coraggioso ma non imprudente

Tre giovani fecero domanda per ottenere un posto di conducente di autobus presso una compagnia che operava in una zona di montagna.

Dopo che furono considerate le loro referenze e il loro curriculum, a ciascuno di essi fu posta questa domanda: « Con quale margine di sicurezza potresti guidare l'autobus in una curva pericolosa sopra un profondo precipizio? »

Il primo rispose che poteva condurre con sicurezza il mezzo a dieci centimetri dal bordo della strada.

Il secondo disse che poteva fare di meglio: poteva condurre l'autobus con metà della ruota fuori dal ciglio stradale.

Il terzo, considerando il problema da un'altra angolatura, disse prudentemente: « Veramente non so quanto potrei avvicinarmi all'orlo della strada. Comunque preferirei tenermene lontano il più possibile ».

Il posto di conducente fu assegnato a quest'ultimo.

Se vuoi avere successo nel tuo lavoro, sappi distinguere tra l'agire con un certo rischio e l'agire con imprudenza.

Chi la dura la vince

Durante una battaglia decisiva della prima guerra mondiale, notizie disastrose arrivarono al quartiere generale del maresciallo Foch, il comandante delle forze alleate. Egli non si perse d'animo. Quando le cose sembravano andare per il peggio, diede quell'ordine passato alla storia: «Il centro è in ritirata, l'ala destra è respinta, l'ala sinistra sta cedendo. La situazione è eccellente. Attacchiamo».

L'attacco alleato sfondò le linee nemiche e riportò un clamoroso successo.

Dice un vecchio proverbio: «Vince la battaglia chi sta sul campo gli ultimi quindici minuti».

«Questa è la lezione che dovresti imparare:
prova, prova, prova ancora.
Se all'inizio non ci riesci,
prova, prova, prova ancora».

(W.E. Hickson)

Due rane

Due rane saltarono in un secchio di panna. Il secchio era profondo. Esse cercarono di saltar fuori, ma non ci riuscirono.

Una si arrese, andò a fondo e morì. L'altra, a forza di saltare, formò una massa di burro, vi si adagiò sopra e poi saltò via, libera.

È più facile arrendersi di fronte alle difficoltà piuttosto che cercare di superarle, sia nel lavoro sia nel perseguire un ideale.

Se perseveri, potrai sempre avere un'occasione imprevista. Se non rischi, non l'avrai mai. Sarai tentato di arrenderti. Una voce ti dirà che non c'è speranza, che è inutile. Ma potrai sempre tentare.

«La speranza non è un sogno, ma un modo per tradurre i sogni in realtà» (Joseph L. Suenens).

Buon umore

Il buon umore – allegria, contentezza, gioia – è un lubrificante efficace per una vita pacifica e serena. Il buon umore apre tutte le porte. Il poeta latino Orazio scrive: « La mente che è gioiosa nel presente saprà opporsi a tutte le preoccupazioni del futuro e affronterà le situazioni tristi con un sorriso ».

Il buon umore abbassa le montagne, livella le valli, addolcisce il dolore. Il buon umore è una condizione necessaria per chi cerca la santità. La santità implica la conquista di sé, e nel processo di conquista di se stessi un cuore contento è di grande aiuto.

Il buon umore allevia la fatica, gode del lavoro e aiuta a farlo bene. Rende meno pesante la quotidianità e il lavoro stesso diviene un'azione d'amore.

« *Un aspetto allegro fa di un piatto una festa* » (V. Herbert).

Sassolini nell'acqua

Salim era un povero pescatore e abitava sulle rive del Gange. Dopo una pesca scarsa, mentre ritornava alla sua capanna, si mise a pensare che cosa avrebbe fatto se fosse stato ricco.

Intanto il suo piede aveva calpestato un sacchetto che conteneva qualcosa di simile a sassolini. Distrattamente lo raccolse e cominciò a tirare i sassolini nell'acqua.

« Quando sarò ricco, avrò una bella casa ». E tirò un sassolino.

« Avrò anch'io dei servi ». E ne tirò un secondo.

« Avrò cibo abbondante ». E via un terzo, e così di seguito.

Poi prese l'ultimo, lo osservò, lo rigirò fra le dita e scoprì che era una pietra preziosa. Forse aveva gettato via la ricchezza dei suoi sogni.

Abbiamo nelle nostre mani il potere di arricchire la nostra vita, anche per l'eternità.

Una decisione difficile

Un contadino assunse un uomo a giornata e gli diede un mucchio di legna da spaccare. In poche ore la legna era spaccata e impilata.

Il giorno dopo, il contadino disse all'uomo di fare la scelta delle patate: «Metti le belle da una parte, quelle di grandezza media da un'altra e le più piccole in un altro mucchio ancora».

Passò un po' di tempo, ma il lavoratore non cominciava. Il contadino domandò una spiegazione. L'uomo, annoiato, rispose: «È prendere la decisione che mi fa perdere la bussola!»

Abbiamo l'intelligenza per prendere decisioni corrette. Usiamola con sapienza e libertà. Decidiamo di credere, di amare e di servire.

«*La somma delle nostre decisioni ci porterà in paradiso o all'inferno*» (James Keller).

Risorse insperate

Un marito aveva abbandonato la moglie lasciandola senza mezzi di sussistenza.

Il giudice domandò alla donna:

«Quali mezzi ha per vivere?»

«Per dire il vero, ne ho tre», rispose lei.

«Tre! E quali sono?», ribatté attonito il giudice.

«Le mie mani, la buona salute e Dio».

Ingegnosità, fiducia in sé e fede in Dio sono risorse a cui tutti possono attingere.

«Aiutati che il ciel t'aiuta» è un proverbio sempre valido. La forza che deriva dalla nostra fede in Dio ci aiuta ad avere fiducia in noi stessi.

Ricetta per una giornata felice

Tutti cercano la felicità, ma purtroppo nessuno può avere una gioia duratura sulla terra. Forse, seguendo questa ricetta, potrai vivere più serenamente.

Ogni giorno sia libero da asprezze, rancori, odii, gelosie e meschinità. Ogni giorno sia limpido e pulito come l'aurora. Vivi un giorno alla volta. In ogni giorno metti:

12 porzioni di fede,
11 di pazienza,
10 di coraggio,
9 di fatica (questo ingrediente dà gusto a tutti gli altri),
8 di speranza,
7 di fedeltà,
6 di liberalità,
5 di gentilezza,
4 di riposo (è come l'olio sull'insalata),
3 di preghiera,
2 di meditazione,
una buona decisione.

Aggiungi un cucchiaino di vivacità, uno spruzzo di godimento, un pizzico di follia, un po' di divertimento e una tazza piena fino all'orlo di buon umore.

Cuoci bene in calore ardente, con contorno di sorrisi e un chiodino di gioia.

Sèrviti con calma, generosità e serenità, e avrai una buona giornata.

Così semplice!

Un re voleva eleggere primo ministro l'uomo più saggio del regno. Dopo molte indagini, la scelta cadde su tre uomini. Volle metterli alla prova.

Li fece entrare in una stanza del palazzo reale, la cui porta si chiudeva con un lucchetto speciale. Poi disse loro: « Chi riuscirà ad aprire il lucchetto sarà primo ministro ».

I tre si misero subito al lavoro. Due studiarono attentamente formule matematiche per scoprire la combinazione. Il terzo si sedette sul pavimento e rifletté per qualche minuto, con lo sguardo fisso alla porta. Poi si alzò e la aprì. Il lucchetto non era stato chiuso.

« *In tutte le cose il successo dipende dalla preparazione preliminare. Senza di essa si va incontro a un fallimento sicuro* » (Confucio).

Un ragazzo promettente

Già a dieci anni Enrico Caruso amava molto cantare, ma era ben lontano dal pensare che sarebbe diventato un tenore famoso. Allora lavorava in una fabbrica a Napoli. Il suo maestro di musica gli disse di lasciar perdere, poiché la sua voce suonava come il vento attraverso le persiane.

La mamma, però, conosceva bene il suo ragazzo. Abbracciandolo, si disse sicura che un giorno sarebbe diventato un grande cantante. E per aiutarlo nella scuola si privò di tutto, affrontò ogni sorta di sacrifici. Con parole di incoraggiamento instillò in lui la costanza e lo aiutò a scoprire e a sviluppare i propri doni.

« Non c'è amicizia, non c'è amore come quello del genitore per il figlio » (Henry Ward Beecher).

Niente va perduto

Una volta un giornalista intervistò Edison circa gli ultimi suoi esperimenti sulle batterie. Edison lo informò che aveva già fatto ventimila esperimenti, ma senza esito.

« Non si sente scoraggiato da tutte queste inutili ricerche? »

« Inutili? », esclamò Edison. « Niente è inutile. Ho scoperto ventimila cose che non servono ».

A volte pensiamo che alcune nostre azioni non abbiano un buon risultato. Non dobbiamo mai arrenderci. Possono avere un effetto a lunga scadenza, come il seme matura in chicco di grano.

Soddisfazione e scontentezza

Mary Roberts Rinehart scrive: « La soddisfazione, l'assoluta acquiescenza alle cose come stanno, non è uno stato normale di mente. È fatalismo. C'è una virtù nel trarre il meglio dalle situazioni, che è gioiosa accoglienza, non acquiescenza ».

Discutendo sull'opposto della soddisfazione, cioè la scontentezza, la scrittrice disse: « Essa non è normale, ma una condizione invelenita e deleteria della mente che deriva da una ricerca egoistica della felicità. Ma c'è pure una scontentezza che è giovevole e normale. È opposta al fatalismo, ed è attiva, non passiva.

« Le persone pigre non la conoscono. Esse possono sentirsi irritate in determinate circostanze, ma accettano tutto passivamente. La donna pigra può disprezzare la casa, ma non fa nulla per migliorarla. L'uomo pigro può odiare il suo lavoro, ma non lo cambia ».

« Guarda bene in te stesso: c'è una sorgente sempre attiva. Se hai un desiderio, cerca sempre là » (Marco Aurelio).

Un saggio consiglio

Un eremita era scoraggiato perché ricadeva sempre negli stessi errori. Andò a consigliarsi con un altro eremita:

« Che cosa devo fare? Non progredisco nella perfezione, anzi mi lascio andare ».

« Figlio, tu devi rialzarti dopo ogni caduta », rispose l'altro.

« Ma l'ho già fatto e ricado ».

« Alzati di nuovo. Ricomincia. La vita è un continuo ricominciare ».

« E quante volte lo posso fare? »

« Tutte le volte che ricadrai, fino alla fine della vita. La morte ti troverà sia vittorioso o sconfitto. Abbi il coraggio di ricominciare, di vincere, di superare lo scoraggiamento nella speranza di camminare verso la perfezione a cui tutti siamo chiamati ».

« *Chi cade nel peccato è un uomo; chi si pente di esso è un santo; chi se ne vanta è un diavolo* » (Thomas Fuller).

JO TOLMAN
1995

Il maestro invisibile

Thomas Carlyle, dopo aver scritto con grande impegno il primo volume dell'opera che l'avrebbe reso famoso, *Rivoluzione francese*, diede il manoscritto a John Stuart Mill per avere la sua opinione. Alcuni giorni dopo Mill, tutto costernato, si presentò a Carlyle e gli disse che la domestica, inavvertitamente, aveva gettato il manoscritto nel fuoco.

Per Carlyle fu una vera disgrazia. Non aveva un soldo, e senza appunti era veramente difficile per lui ricominciare il lavoro. Ma, vedendo la costernazione di Mill, disse alla moglie: « Mill è terribilmente abbattuto. Cerchiamo di non fargli capire quanto sia grave il danno che abbiamo ricevuto ».

E scrisse sul suo diario: « È come se il mio maestro invisibile avesse strappato la mia copia e avesse detto: "No, ragazzo mio, devi scrivere meglio" ». E ricominciò.

Solo i magnanimi hanno il coraggio e la volontà di affrontare le difficoltà e, se necessario, ricominciare.

Troppo stupido per imparare

Edward W. Bok racconta un triste episodio accaduto a un bambino di sei anni: un giorno la maestra l'aveva mandato a casa perché era «troppo stupido per imparare». Questo bambino era Thomas A. Edison.

«Mio figlio non è stupido. Sarò io la sua maestra», disse la mamma indignata.

Bok commenta: «I timidi dovrebbero realizzare le potenzialità insite in ognuno di noi! Essi hanno l'aspirazione, l'urgenza a fare, ma immancabilmente biasimano e sottovalutano se stessi. Ricadono sempre nella stessa lamentela: "Io sono solo un uomo" o "Io sono solo una donna. Che posso fare?"».

Il Signore non ha dato all'uomo lo spirito di timidezza, ma lo spirito di libertà per credere in sé, per essere se stesso, per «fare» se stesso. E giorno per giorno ognuno deve realizzare questo spirito di vita con impegno, con gioia e responsabilità.

Non arrenderti!

Un assistente sociale invitava tutti quelli che si lamentavano dei propri fallimenti a leggere un poster che teneva appeso nel suo ufficio:

Fallito in commercio 1832;
sconfitto per la Camera dei deputati 1832;
nuovamente fallito in commercio 1833;
eletto all'assemblea 1834;
morta la fidanzata 1835;
esaurimento nervoso 1836;
sconfitto come presidente della Camera dei deputati 1838;
sconfitto come membro dell'assemblea elettorale 1840;
sconfitto per il congresso 1843;
sconfitto per il congresso 1846;
sconfitto per il congresso 1848;
sconfitto per il Senato 1855;
sconfitto come vicepresidente 1856;
sconfitto per il Senato 1858;
eletto presidente degli Stati Uniti 1860.

Abramo Lincoln

Nessuno è esente da sbagli e fallimenti.

Accetta i tuoi e impara da essi. Se ti volti sempre indietro, inciamperai appena cercherai di andare avanti.

Una gradita sorpresa

La cantante americana Mary Garden guadagnava un mucchio di soldi, ma non era contenta, perché suo padre le chiedeva costantemente grosse somme.

Lei non aveva il coraggio di eludere quelle richieste, quantunque le sembrassero strane. Il padre diceva che aveva bisogno del denaro per realizzare un progetto.

Durante la depressione economica degli anni Trenta, Mary perse tutto il denaro che aveva investito. Alla morte di suo padre, che avvenne poco dopo, con sua sorpresa le fu notificato da una banca che una notevole somma di denaro era intestata a lei.

Il padre aveva messo ogni centesimo in banca.

Le richieste che ci vengono da Dio possono sembrare difficili da soddisfare. Ma, in realtà, così facendo, egli ci aiuta a preparare il nostro «conto in banca» eterno.

Ogni età è buona per cominciare

Thomas Jefferson aveva trentatré anni quando redasse la *Dichiarazione d'indipendenza degli Stati Uniti d'America*. Benjamin Franklin aveva ventisei anni quando scrisse l'*Almanacco del povero Riccardo*. Charles Dickens aveva ventiquattro anni quando cominciò a scrivere *Il circolo Pickwick* e venticinque quando scrisse *Oliver Twist*. McCormick aveva ventitré anni quando inventò la mietitrice. E Newton aveva ventiquattro anni quando scoprì la legge della gravitazione universale.

Ma Giuseppe Verdi a settantaquattro anni compose l'*Otello* e a ottanta il *Falstaff*. Goethe a ottantadue anni fece una nuova versione del *Faust*. A settantacinque Michelangelo cominciò la *Pietà Rondanini*, a cui lavorò fino alla morte.

Spesso cerchiamo scuse per aver omesso azioni che avremmo facilmente compiuto se solo avessimo avuto la volontà. Ogni età è buona per cominciare qualcosa, e non c'è tempo migliore che il presente.

Per ottenere buoni risultati, non è necessario essere né Goethe né Picasso. Pennelli, colori e vo-

lontà aiutano anche i pittori e gli scrittori della domenica.

> *« Un posto nei ranghi ti aspetta;*
> *ogni uomo ha il suo ruolo da svolgere.*
> *Il passato e il futuro sono un nulla*
> *alla presenza dell'inflessibile oggi ».*
>
> (A. Procter)

Eroi di tutti i giorni

Una bambina di due anni fu trascinata dalla corrente del Gange. Richiamata dalle grida delle amiche che avevano visto la piccola dirigersi verso il fiume, la madre corse giusto in tempo per vederla portare via dall'acqua. Sebbene non sapesse nuotare, vinse la paura, si gettò nel fiume e, con una bracciata dopo l'altra, raggiunse la bambina e la portò in salvo.

Eroe è chi fa quello che può.

In ciascuno di noi c'è una riserva di energia che si può utilizzare per il bene. Non mancano esempi di uomini e donne che nella vita quotidiana hanno compiuto atti eroici. Essi ci ispirano una visione della vita che dobbiamo vivere, comunicare e quasi contagiare agli altri intorno a noi.

«Combatti te stesso. Perché combattere i nemici esterni? Chi controlla se stesso otterrà felicità» (Lord Mahavira).

Amore e servizio

Helen Keller rimase completamente sorda e cieca a soli diciannove mesi. Col tempo, grazie all'aiuto della sua insegnante, imparò a parlare e divenne scrittrice e poliglotta.

Ecco un suo pensiero: « Unisciti alla grande compagnia di coloro che, con la gentilezza, convertono le zone deserte della vita in fruttuose. Abbi una visione di paradiso nel tuo cuore e renderai la casa, la scuola, il mondo corrispondenti a tale visione. Il tuo successo e la tua felicità sono in te.

« Le condizioni esterne sono i casi della vita, le sue decorazioni esteriori. Le realtà grandi e durature sono amore e servizio. La gioia è il fuoco sacro che mantiene il nostro proposito caldo e la nostra intelligenza accesa ».

Fa' il proposito di essere felice: tu e la tua gioia sarete un esercito invincibile contro le difficoltà.

L'uomo più forte del mondo

Louis Cyr era fragile, debole di mente e malaticcio di corpo, ma aveva una grande ambizione: diventare l'uomo più forte del mondo. La gente sorrideva di questa idea balzana, ma lui si allenava con metodo e perseveranza.

Una volta che si trovava a Londra, il duca di Westminster lo sfidò a trattenere con la sua sola forza un paio di cavalli. Egli accettò la sfida. Fissò delle tirelle intorno alle braccia e, quando fu pronto, gridò: « Via! ». Spronati dalla frusta, i due cavalli balzarono in avanti, ma dopo i primi passi si fermarono. Invano si sforzarono di avanzare: non riuscirono a spostare Cyr di un solo centimetro. La folla lo applaudì a lungo e lo acclamò come l'uomo più forte che fosse mai esistito.

Louis Cyr aveva realizzato la sua ambizione.

Il successo si ottiene con la concentrazione e la perseveranza. Se sei determinato ad avere successo, ce la farai a patto che ti impegni e perseveri con tenacia.

Sicura di sé

In una raccolta di fondi per la ricerca sul cancro, un contributo essenziale fu dato da una vedova cieca. La donna non vi trovava nulla di straordinario. Al giornalista che la intervistò disse: « Mi è stato insegnato a essere sicura di me. Posso ancora distinguere tra luce e ombra, non sono del tutto cieca. Posso ancora fare molto e, grazie a Dio, non mi sono mai scoraggiata. La mia cecità è sopraggiunta gradualmente e mi considero fortunata di aver avuto tanti anni di vista buona ».

Questa donna ci insegna a vedere il lato buono e positivo delle circostanze, qualunque esse siano.

« *La mente forte e matura è la mente che accetta sia le cose grandi sia le piccole* » (Samuel Johnson).

«Ciao, mamma! Ciao, papà!»

Alan Beck scrive:

«Vostro figlio è la verità con la faccia sporca, la saggezza con i capelli arruffati, la speranza dell'avvenire con un ranocchio in tasca.

«Vostro figlio è una creatura magica: potete cacciarlo dalla vostra stanza, ma non dal cuore. Tanto vale che vi rinunciate. È il vostro carceriere, il vostro superiore, il vostro padrone, un terremoto in miniatura dalla faccia lentigginosa.

«Ma, quando tornate a casa la sera, recando con voi soltanto i brandelli delle vostre speranze e dei vostri sogni, lui può rimetterli in sesto con due magnifiche parole: "Ciao, mamma! Ciao, papà!"».

Un proverbio popolare dice: «Casa senza bambini, gabbia senza uccellini».

ANIMO UMANO

«Lei non sa chi sono io!»

Un giovane, figlio di un famoso deputato, bussò ed entrò nell'ufficio del direttore del collegio. Questi lo invitò a prendere una sedia e a sedersi. Poi, essendo molto occupato, gli disse che avrebbe potuto dedicargli solo cinque minuti.

«Signore», ribatté il giovane con impazienza, «io sono il figlio del deputato...»

«Ah, sì. In tal caso prenda due sedie», rispose il direttore con un pizzico di umorismo.

Abbiamo la tendenza a prenderci troppo sul serio, a stimarci più degli altri e a considerarci degni di particolari privilegi. Nessuno ha bisogno di più di una sedia per sedersi.

Una cosa da non perdere

« I cinesi risolvono i loro litigi in modo meraviglioso. I due contendenti si affrontano in piazza, alla presenza del popolo: il primo ad alzare la voce o a perdere la calma è giudicato sconfitto.

« La pazienza è una cosa strana. Non puoi liberartene perdendola. E ha ancora un'altra peculiarità. Se sei dalla parte sbagliata, non puoi permetterti di perderla; se sei dalla parte giusta, non è necessario » (Arthur P. Pereira).

« In ogni parte e angolo della nostra vita, perdersi è guadagnare; dimenticarsi è essere felici » (Robert Louis Stevenson).

Il dubbio del millepiedi

Un millepiedi passeggiava felice nel sottobosco, quando gli fu domandato: « Quale piede muovi prima? »

Divenne pensieroso. Cominciò a pensare con trepidazione. Accumulò pensieri su pensieri. Non ebbe più il coraggio di andare avanti e morì di stenti.

Se avesse cessato di preoccuparsi inutilmente e avesse cominciato a camminare, sarebbe ancora vivo.

Se scrivessimo tutte le nostre paure e poi, con una penna, le spuntassimo a una a una, scopriremmo che per il cinquanta per cento esse sono infondate, sciocche e false; per il quaranta per cento non sono così terribili come sembrano e per il rimanente dieci per cento potrebbero essere superate se solo le affrontassimo con coraggio invece che con timore.

Perciò, nelle difficoltà, smetti di preoccuparti e incomincia ad agire. Non permettere che piccoli crucci si accumulino.

Risate salutari

Lin Yutang scrive che questo mondo confuso ha bisogno di ridere di più. Ecco le sue parole: « Se gli uomini avessero abbastanza senso dell'umorismo, non ci sarebbe più ansietà in questo mondo; se alle conferenze internazionali le nazioni fossero rappresentate dai loro più grandi umoristi, non ci sarebbero più guerre ».

Come è noto, ridere fa bene anche alla salute. Questo il parere dei medici: « La risata causa movimenti ritmici ai muscoli dell'addome, massaggia lievemente gli organi intestinali, migliora la digestione e la circolazione del sangue. Ha un effetto positivo sulle ghiandole secretive, esercita un influsso depurativo sulle sostanze chimiche connesse col sistema muscolare ».

Cerca di ridere anche quando non ne hai voglia. Soprattutto impara a ridere di te stesso, dei tuoi sbagli, delle tribolazioni della giornata.

Sdrammatizza i tuoi e gli altrui difetti.

L'altra parte del cielo

Una sera d'estate il piccolo Nico passeggiava con la mamma. Per lui tutto era attrazione e meraviglia: le case illuminate, gli alberi, l'aria profumata.

Poi guardò il cielo stellato e si fece pensieroso. La mamma, saggiamente, non parlò finché non vide che Nico stava per dire qualcosa. Allora gli domandò: « Nico, a che cosa pensi? »

Il bimbo rimase in silenzio ancora per qualche istante, quasi per riordinare i pensieri, poi rispose: « Se questa metà del cielo è così bella, chissà come sarà bella e meravigliosa l'altra parte! »

« Io posso comprendere che un uomo guardi la terra e sia ateo, ma non posso immaginare che guardi il cielo e dica che Dio non c'è » (Abramo Lincoln).

« Se guardassimo sempre il cielo, finiremmo con l'avere le ali » (Gustave Flaubert).

La spiegazione

Un giovane domandò a un vecchio contadino come avesse fatto ad accumulare tanta ricchezza.

« È una storia lunga », disse il vecchio. « Sediamoci, e mentre ti racconto la mia vita di stenti possiamo anche spegnere la lampada ».

Il giovane si alzò e disse: « Non è necessario continuare. Ho capito tutto ».

Sono le nostre piccole manie che ci tradiscono. Davvero la grandezza di un uomo si misura dalla sua azione più sciocca.

« Sii impegnato nella tua professione
e sarai sapiente.
Sii sagace e parsimonioso
e sarai ricco.
Sii sobrio e temperato
e godrai buona salute ».

(Benjamin Franklin)

L'ora esatta

Un sagrestano telefonava tutti i giorni a una radio locale per sapere l'ora esatta. Un giorno l'operatore gliene domandò il perché. Il sagrestano rispose:

« Voglio essere puntuale a suonare la campana di mezzogiorno ».

« Ma come? Io regolo l'ora al suono della campana! », ribatté l'operatore.

Molte volte siamo intrappolati in un circolo vizioso, perché abbiamo perduto il modello a cui conformarci. Non dimentichiamo che la vita è relazione e diventa coscienza che sceglie e si dirige con responsabilità verso valori assoluti.

Tre requisiti

Scrive Flaubert: «Un'anima si misura dalla dimensione dei suoi desideri, come si giudica una cattedrale dall'altezza dei suoi campanili».

Se una persona ha solo desideri può essere un sognatore. Arthur P. Pereira scrive: «I desideri sono come i sogni: non ti aiutano se non fai qualcosa per realizzarli».

Tre cose sono necessarie per ottenere buoni risultati: desiderio, volontà, un pizzico di follia. Assicurati di possedere questi requisiti. Ciascuno è fabbro della propria fortuna.

«Di regola, il gioco della vita è degno di essere giocato, ma il prezzo è la lotta» (W.R. Inge).

Lezione di musica

Franz Liszt era gentile per natura, ma all'occasione era capace di una severità inflessibile.

Un giorno un giovane musicista gli portò una composizione per avere la sua approvazione. Liszt gli fece notare alcune stonature e gli disse:

« Questo non si può fare in una composizione musicale ».

« Ma io l'ho fatto », si gloriò il giovane compositore.

Liszt si chinò sul tavolo, prese la penna intinta di inchiostro e spruzzò il liquido sul vestito del giovane, dicendo:

« Anche questo si può fare, ma non deve essere fatto ».

Quindi uscirono, e Liszt gli comprò un vestito nuovo.

I sette « peccati capitali » della società moderna sono:

religione senza sacrificio,
politica senza principi,
ricchezza senza lavoro,

piacere senza coscienza,
conoscenza senza carattere,
commercio senza moralità,
scienza senza umanità.

Maturità

Il cammino verso la perfezione, a cui tutti gli uomini sono chiamati, richiede attenzione costante. Diamo uno sguardo a noi stessi per scoprire il nostro grado di maturità.

La nostra personalità certamente manca di maturità se:

nutriamo rancori,
indulgiamo a momenti di rabbia,
ci soffermiamo sulle ingiustizie ricevute,
eludiamo responsabilità,
giustifichiamo i nostri insuccessi con alibi,
agiamo principalmente per interesse personale,
evitiamo il sacrificio,
reagiamo con troppa irruenza a normali sollecitazioni emotive,
sogniamo a occhi aperti,
siamo sempre incompresi e mai incomprensibili,
dipendiamo troppo dagli altri.

Al contrario, è segno di maturità avere:

senso di responsabilità,

abilità nel trarre profitto dalle critiche,
capacità di affrontare la realtà,
determinazione nel pensare e nel riflettere,
sensibilità e generosità verso gli altri.

La vita ci offre molte occasioni per migliorarci. Bisogna saperle cogliere.

Fiducia e onestà

Giorgio era un ragazzo di dieci anni e rubacchiava. La maestra se ne accorse, ma non lo rimproverò e non disse ai suoi compagni che egli dava cattivo esempio. Gli consegnò invece il suo borsellino e gli chiese il favore di andare a far la spesa, poiché lei era molto occupata.

Giorgio andò al supermercato, ritornò con una borsa piena di ogni ben di Dio e restituì il borsellino alla maestra. Il conto era giusto. Non mancava nulla. La maestra aveva dimostrato fiducia nel ragazzo ed egli l'aveva ripagata onestamente.

« Il mezzo più sicuro per rendere fidato un uomo è avere fiducia in lui; il mezzo più sicuro per renderlo infido è dimostrargli la propria diffidenza » (Henry S. Stimson).

Punti di vista

Due uomini passeggiavano vicino al duomo della loro città, quando le campane si misero a suonare a festa.

Uno disse:

«Non è meravigliosa questa musica?»

«Che cosa hai detto?», replicò l'altro.

«Non è bello questo scampanio?», disse di nuovo il primo. E, vedendo che il compagno non aveva ancora capito, ripeté:

«Non è bella questa musica?»

«Perdonami», rispose il secondo. «Queste campane sono così rumorose che non riesco a sentire ciò che dici!»

Noi sentiamo solo quello che amiamo e, lo vogliamo o no, ci mettiamo in sintonia solo con ciò che vogliamo sentire.

Qual è la tua età?

Puoi essere sicuro che stai diventando vecchio se

trovi difficoltà ad avere nuovi amici,
pensi che le nuove generazioni siano peggiori di una volta,
parli sovente dei « nostri bei tempi »,
parli volentieri dell'ultimo intervento chirurgico,
indulgi a piccoli pregiudizi,
ti dimostri più egoista di prima,
desideri essere lasciato solo,
cominci a pensare che la vita sia noiosa,
ti irriti quando trovi la tua sedia spostata.

L'età non dipende dal colore dei capelli, dai denti o dalla freschezza della pelle. La vecchiaia è qualcosa di più profondo.

Come farsi degli amici

Durante la guerra civile degli Stati Uniti d'America, Lincoln, in un raduno di amici, parlava con considerazione dei nemici confederati.

Una signora, quasi scandalizzata, disse con franchezza:

«Come può parlare bene di quelli che volentieri la farebbero fuori? Non dovrebbe piuttosto cercare di distruggere i suoi nemici?»

«Signora», rispose Lincoln, «non distruggo forse i miei nemici se con la carità e la gentilezza me li faccio amici?»

«La ricostruzione del mondo non tarderebbe se noi cominciassimo la meno emozionante ma più esigente ricostruzione di noi stessi purificando le passioni e umanizzando l'io» (S. Radhakrishnan).

Dal giornale di bordo

Un vecchio lupo di mare, un capitano dalla rigida disciplina, scoprì che il suo ufficiale in prima era ubriaco. Per pareggiare un antico conto in sospeso, registrò nel giornale di bordo: «Ieri notte il primo ufficiale Rossi era ubriaco».

La cosa indispettì Rossi, che cercò di prendersi la rivincita. Quando toccò a lui scrivere il giornale di bordo, annotò: «Questa notte il capitano non era ubriaco».

L'ufficiale Rossi ha scritto la verità riguardo al capitano, ma lo ha fatto con l'intenzione di fuorviare. È difficile fare del bene quando la nostra intenzione è fare del male.

«*L'amicizia è armonia in tutte le cose, umane e divine, unita alla reciproca buona volontà e all'affetto*» (Cicerone).

Una sola lamentela

Una giovane sposa aveva solo una cosa di cui lamentarsi riguardo al marito. Diceva: « Quando parla con gli altri, mio marito mi loda sempre. Gli amici mi riferiscono costantemente le cose meravigliose che egli dice a mio riguardo. Ma non sono contenta. Perché non dice le stesse cose direttamente a me? »

Spesso pensiamo che le persone care debbano prendere il nostro amore per scontato.

Dimentichiamo che tutti vogliono essere rassicurati a proposito della nostra attenzione nei loro confronti.

« Una buona abitudine è lodare tua moglie almeno una volta al giorno. Se tu non sai il perché, lei lo sa » (O.A. Battista).

Zapping

Il verbo inglese *to zap* indica un movimento rapido, veloce, quasi fulmineo. Il termine *zapping* allude all'abitudine televisiva di cambiare spesso canale con il telecomando: si passa da una scena all'altra nel tentativo di vivere il più intensamente possibile tutte le immagini.

Zapping allude anche al tentativo di vivere ogni momento della vita con intensità. Ciò però conduce al nervosismo, all'insoddisfazione, così dannosi alla salute fisica e psicologica.

Zapping significa voler vivere la vita a bocconi, senza avere il tempo di gustarla.

La vita ha bisogno del suo spazio, sia in casa sia in ufficio. Ha bisogno di essere vissuta con calma, con gioia, con serenità.

Dio ha creato il tempo, non la fretta.

Nessuno è ateo in trincea

Un soldato racconta: «In una battaglia, durante un pesante bombardamento, scivolai in un buco. Vi trovai il sergente. Si strinse in un angolo per farmi posto. Quando le bombe cadevano come grandine, senza avvedermene, mi misi a pregare ad alta voce. Anche il sergente pregava. Quando il bombardamento fu cessato, gli dissi: "Sergente, ho visto che pregava". "Amico", rispose lui senza batter ciglio, "in trincea nessuno è ateo"».

«In che cosa gli uomini sono migliori delle pecore o delle capre che vivono una vita cieca, senza cervello, se, conoscendo Dio, non alzano le mani in preghiera sia per se stessi sia per quelli che li chiamano amici?» (Alfred Tennyson).

«La fortuna cambia come la luna»

Nel 1923, in un lussuoso hotel di Chicago, si radunarono tutti i più grandi finanzieri del mondo.

Venticinque anni dopo, ecco dov'erano questi uomini.

Il presidente della più grande acciaieria fece fallimento. Visse gli ultimi cinque anni chiedendo denaro a prestito.

Il presidente della più grande compagnia di servizi morì all'estero povero e braccato dalla giustizia.

Il presidente della più grande compagnia petrolifera morì in manicomio.

Un membro del Gabinetto del Presidente fu dimesso dalla prigione perché, ormai in fin di vita, potesse morire a casa.

Il più grande speculatore di Wall Street si suicidò.

Quelli che hanno grande successo nel far soldi molte volte non conoscono l'arte di vivere.

Un debito da saldare

Un vecchietto ultraottantenne faceva alcuni buchi lungo la siepe del giardino.

Il vicino lo vide e gli domandò:

« Signor Giovanni, che cosa sta facendo? »

« Pianto castagni ».

« Non crederà di mangiare castagne da questi alberi, alla sua età? »

« No! », rispose il vecchio. « Ma tutta la mia vita ho mangiato le castagne di alberi piantati da altri. Non le avrei mai gustate se altri non avessero fatto ciò che sto facendo io adesso. È il mio modo di ricambiare ciò che gli altri hanno fatto per me ».

Siamo debitori non solo ai genitori, ma a tutti quelli che ci hanno preceduti e hanno contribuito al benessere che adesso godiamo. E vogliamo assicurare le stesse benedizioni a quelli che ci seguiranno.

Non sa donare chi tarda a dare.

Un uomo di cuore

Alcuni monaci domandarono all'abate: « Se vediamo un fratello che sonnecchia durante la preghiera, dobbiamo scuoterlo perché rimanga sveglio? »

Rispose l'abate: « Se io vedo un fratello che sonnecchia, metto la sua testa sulle mie spalle e lo lascio riposare ».

L'abate era un uomo di cuore.

È necessario avere un cuore magnanimo nel darsi, facile a comprendere e a compatire.

Un cuore fedele e generoso che non dimentica il bene e non ha rancori verso il male.

Un cuore grande, dolce e umile, che ama senza aspettarsi il contraccambio.

Non ti pentirai mai

Non ti pentirai mai di

fare del tuo meglio,
essere gentile con tutti,
ascoltare prima di giudicare,
riflettere prima di parlare,
essere fedele ai tuoi princìpi,
chiudere le orecchie ai pettegolezzi,
essere benevolo con i nemici,
chiedere scusa quando sbagli,
essere onesto nel lavoro,
aiutare uno sfortunato,
mantenere le promesse,
vedere il meglio nelle azioni degli altri.

I traguardi raggiunti
dagli uomini grandi
non sono stati conseguiti
con un volo improvviso.
Essi, di notte,
mentre i loro compagni dormivano,
lavoravano intensamente.

Il solito problema

Abramo Lincoln passeggiava per una strada di Springfield con i suoi due figli. Piangevano entrambi.

Un passante si fermò e domandò:

« Qual è il problema con i due ragazzi? »

« È lo stesso che con il resto del mondo », rispose Lincoln. « Ho tre noci e ognuno ne vuole due ».

Non è sempre facile far sentire la propria voce a favore di ciò che è giusto e prendere posizione contro ciò che è sbagliato.

Comincia dalla tua famiglia, dalla tua cerchia di amici a parlare sia dei diritti sia dei doveri. Puoi subito contribuire al bene di tutti.

« La giustizia, senza la generosità, può facilmente diventare la giustizia di Shylock » (Gandhi).

Sonni tranquilli

Durante lo sbarco in Normandia, nel 1944, il generale Omar N. Bradley si svegliò molte volte durante la notte per il cigolio dei carri armati che passavano sotto la sua finestra, senza sapere se fossero del suo esercito o del nemico.

« Che cosa fece? », gli fu domandato.

« Niente, mi misi di nuovo a dormire », rispose il generale. « Se il mio piano aveva funzionato, i carri erano i nostri; se il mio piano aveva fallito, sapevo di aver fatto del mio meglio e non c'era altro da fare ».

Un proverbio dice: « La preoccupazione è come la sedia a dondolo: ti dà qualcosa da fare, ma non ti porta in nessun luogo ».

Paura di sbagliare

Tempo addietro, un quotidiano pubblicò: « Il mondo è pieno di critici. Essi non hanno coraggio. Non combattono nessuna battaglia. Non commettono errori perché non hanno iniziativa. Nell'arena ci sono quelli che agiscono. Essi commettono errori perché fanno molte cose. Ford dimenticò di mettere la retromarcia alla sua automobile. Edison pagò duemila dollari un'invenzione di nessun valore.

« L'uomo che non sbaglia è l'uomo che non fa niente. È il freno alla ruota del progresso. Non si può nemmeno dire che non sbagli, perché il suo grande errore è di non provare a fare, limitandosi a criticare quelli che fanno ».

La paura di sbagliare conduce alla mediocrità. È una paura egoistica. È la paura di ciò che dirà la gente.

« La fiducia in sé è il primo requisito per realizzare grandi imprese » (Samuel Johnson).

VALORI

La vendetta di Enrico VIII

Una volta Enrico VIII chiese a Tommaso Moro, cancelliere alla sua corte, di portare una missiva di accusa al re di Francia Francesco I.

« Maestà! », protestò Tommaso, « voi conoscete il suo temperamento: potrebbe perfino mettermi a morte! »

« Non temete », rispose Enrico VIII. « Se lo fa, io faccio decapitare tutti i francesi che si trovano in Londra ».

« È molto gentile da parte vostra, maestà », continuò Tommaso, « ma credo che nessuna delle loro teste si adatterebbe bene alle mie spalle ».

Se si devono prendere misure per correggere gli abusi, ricordiamo che due cose sbagliate non ne fanno una giusta.

« Chi pensa alla vendetta mantiene aperte le proprie ferite » (Francesco Bacone).

L'uomo giusto

Durante la campagna elettorale, un elettore volle mettere alla prova le qualità del proprio candidato.

Una sera tardi, andò a bussare alla sua porta e disse: « Ho bisogno di aiuto. La mia auto è in panne. Venga a dare una spinta, per favore ».

Quando giunsero sul luogo, il proprietario dell'auto si mise al volante e, con meraviglia del candidato, l'auto si avviò subito.

Voltandosi indietro, l'autista disse: « Grazie! Volevo solo sapere se lei era l'uomo giusto da votare! »

Parlare del bene della comunità è facile, ma l'azione è la sola prova del nostro servizio.

Le due facce

In una discussione, un uomo disse: « Ci sono due facce in ogni questione ». Un altro ribadì: « È vero. Ci sono due facce anche nella carta moschicida, ma c'è una bella differenza per la mosca scegliere un lato piuttosto che l'altro! »

Ci sono due aspetti in tutte le cose ma, mentre uno è positivo, l'altro può essere negativo. L'importante è conoscere la differenza. O sosteniamo una causa o siamo contro. O vogliamo la pace nel mondo o non ce ne occupiamo e lasciamo che i nemici della pace regnino.

Facciamo la nostra parte per la pace, promuoviamo la giustizia e opponiamoci all'iniquità.

« La pace non si mantiene con la forza. Si può ottenere solo con la comprensione » (Albert Einstein).

Conosci te stesso

Uno scultore stava ultimando il busto dello scrittore Ralph Waldo Emerson, quando questi si avvicinò all'artista e, osservando la scultura, disse: « Il guaio è che più il busto mi assomiglia, più brutto mi sembra ».

Più conosciamo noi stessi come realmente siamo, con i nostri pregi e i nostri difetti, più saremo capaci di fare qualcosa di positivo. Scopriamo le virtù in noi. Esse ci aiuteranno a vincere i difetti. Incontreremo più di uno scoglio, ma qualcosa andrà a buon fine.

« La virtù deve essere la felicità e il vizio la miseria di ogni creatura » (J. Butler).

Il potere della stampa

« Credo che quest'anno avremo un buon raccolto di patate », disse il redattore di un giornale alla sua governante.

« No! », replicò lei. « Anzi, credo che sarà scarso ».

Il giorno dopo il redattore andò in ufficio e, ignorando l'osservazione della sua governante, fece pubblicare un articolo nel quale si prevedeva un buon raccolto di patate. Quella sera la governante, con un timido sorriso, gli mostrò una copia del giornale e disse, quasi scusandosi:

« Questa mattina mi sono sbagliata. Guardi qua, anche il giornale dice che avremo un abbondante raccolto di patate... »

È quasi naturale che si creda più facilmente ai giornali, alla parola scritta più che a quella orale. Spesso, però, leggiamo senza riflettere o con scarso senso critico.

Per non sbagliare

Un giorno il piccolo Carlo andò a scuola senza aver fatto i compiti.

La maestra gli disse:

« Carlo, fammi vedere il tuo riassunto ».

« Signora maestra, lei ieri ci ha detto di riassumere il capitolo 17 ».

« Allora? »

« Gino, ieri sera, mi ha detto che dovevamo riassumere il capitolo 18 ».

« Ma tu non hai riassunto né l'uno né l'altro », gli fece notare la maestra.

« Lo so », ribatté Carlo. « Avevo paura di fare il capitolo sbagliato ».

Quando non vogliamo fare una cosa, non abbiamo difficoltà a trovare scuse, anche plausibili. Ma le scuse non ci esimono dalle nostre responsabilità e dai nostri doveri.

« *Una scusa è peggiore e più terribile di una bugia, perché la scusa è una bugia circospetta* » (Alexander Pope).

Fedeltà

Il capitano Kurt Carlson guadagnò fama mondiale e divenne un eroe quando, nel 1951, rifiutò di abbandonare la sua nave che stava per affondare, travolta da una tempesta nell'Atlantico del Nord. Fu chiamato « il capitano Restalà ». Divenne una leggenda e suscitò l'immaginazione e l'ammirazione di milioni di persone quando la sua tragica storia fu divulgata attraverso i mass media.

Il suo senso di responsabilità lo aveva inchiodato sulla *Flying Enterprise* per dodici giorni, dopo che l'equipaggio l'aveva abbandonata. Quando tutto fu finito, il capitano disse semplicemente che era disposto a ripetere la sua avventura nonostante tutte le difficoltà.

La perseveranza nelle bufere della vita mette alla prova le capacità individuali e, al tempo stesso, infonde fiducia nelle proprie risorse.

Se lo avesse saputo!

Un architetto che lavorava per una grande compagnia fu chiamato dal direttore. Questi gli affidò l'incarico di costruire una casa nella zona più esclusiva della città. « Non badi a spese. Usi il materiale migliore », gli disse.

Il lavoro procedeva. Intanto l'architetto cominciò a pensare: "Se uso materiale di seconda qualità nell'interno della casa, nessuno se ne accorgerà. Potrò così risparmiare sulle spese e intascare qualcosa".

Quando la casa fu finita, il direttore organizzò un piccolo ricevimento per festeggiare l'evento. Dopo un lungo discorso, si avvicinò all'architetto e, porgendogli le chiavi di casa, gli disse: « È sua. A testimonianza della nostra stima per lunghi anni di scrupoloso lavoro! »

Essere disonesti non paga.

In tribunale

Un avvocato interruppe il suo lungo controinterrogatorio di un testimone ed esclamò:

« Signor giudice, uno della giuria si è addormentato! »

« Lei lo ha addormentato, lei lo deve svegliare », ribatté il giudice.

Tutti siamo responsabili per il malessere del mondo. Le nostre idee di bene devono condurci all'azione. Se abbiamo contribuito al deterioramento della società per omissione, è giusto che facciamo del nostro meglio per migliorarla.

Dobbiamo nuovamente apprezzare i valori umani di pace, di bontà, di giustizia e di sapienza.

« L'uomo ha la facoltà non solo di pensare, ma anche di sapere che pensa. Questo è ciò che lo distingue dal robot più perfezionato » (Jean Delumeau).

«Sono un re»

Federico II di Prussia, passeggiando per i sobborghi di Berlino, urtò accidentalmente un vecchietto.

«Chi sei?», domandò Federico.

«Sono un re».

«Un re?», ripeté Federico. «E su quale principato regni?»

«Su me stesso», rispose con dignità il vecchietto. «Io comando me stesso perché controllo me stesso. Io sono il mio unico suddito».

Tutti noi possiamo essere re, secondo le parole di quell'uomo. Ma quanti lo sono veramente?

Invece di essere al comando, noi siamo governati dal temperamento, dalla pigrizia o altre passioni.

Non possiamo comandare gli altri se non siamo «noi stessi».

E possiamo essere noi stessi solo se controlliamo noi stessi.

Puntualità

Il re di Francia Luigi XVIII aveva questa massima: «La puntualità è la cortesia dei re».

«Arrivo sempre un quarto d'ora prima di ogni appuntamento», diceva Nelson, «e questo ha fatto di me un uomo».

George Washington non ebbe mai stima dei ritardatari. A un segretario che si scusava per il ritardo perché il suo orologio era indietro, disse: «Tu devi cambiare orologio e io devo cambiare segretario».

«È meglio essere tre ore in anticipo che un minuto in ritardo», consiglia un vecchio detto. Ma ancora più bella è la massima: «È meglio non essere mai in ritardo».

La puntualità rivela buona educazione e considerazione per i sentimenti degli altri. Inoltre, una persona puntuale risparmia tempo e fatica.

«*Infedeltà a osservare un appuntamento è un atto di flagrante disonestà. Si può prendere in prestito da una persona sia il suo denaro sia il suo tempo*» (Horace Mann).

«Non dimenticarti di me»

Mentre ero seduto alla scrivania del preside di un collegio universitario, per caso vidi su una parete una targa d'argento con un motto molto interessante: «Signore, quest'oggi sarò molto occupato. Forse io ti dimenticherò, ma tu non dimenticarti di me».

Sono le parole pronunciate da Jacob Astley prima di una battaglia decisiva.

Questo pensiero suggerisce un grande principio: con la retta intenzione possiamo convertire ogni azione in preghiera.

Così i nostri doveri quotidiani acquisteranno più significato e saranno più piacevoli.

A ciascuno il suo

Un muratore aveva un fratello violinista di grande talento e molto famoso. Gli capitò di conversare con l'impresario per il quale lavorava.

« Deve essere piacevole avere un fratello così famoso », disse l'impresario. Ma poi, per non urtare la sensibilità del muratore, aggiunse: « Certo dobbiamo accettare che il talento non è distribuito in maniera uguale, anche nella stessa famiglia ».

« È vero », rispose il muratore. « Mio fratello non conosce neppure le regole più semplici del costruire, ma è meraviglioso che egli possa pagare chi gli costruisce la casa ».

Non è vanità accettare il proprio posto nella vita e riconoscere la propria idoneità ad esso. Invece di invidiare gli altri per le loro capacità, dovremmo impegnarci di più in un uso costruttivo delle nostre abilità.

La prova

Per due giorni la Central National Bank di New York diede l'occasione ai cittadini di provare la loro onestà.

Nell'atrio furono messi cestini di monete e banconote, invitando i clienti a fare le loro operazioni. Molti si giovarono del facile servizio.

Alla fine della giornata i funzionari constatarono che i conti quadravano perfettamente.

Ognuno di noi può fare molto per cambiare il mondo con la bontà e l'onestà. Ciò che vale costa. Sappiamo pagare la nostra parte per la nostra dignità, i nostri affetti familiari, le nostre amicizie, il nostro lavoro.

Non tutti possono essere ricchi, ma tutti possono essere onesti.

Il settimo flauto

Durante le prove per un concerto, quando tutto sembrava filare in perfetta armonia, il direttore fermò l'orchestra e domandò: « Dov'è il settimo flauto? »

Il maestro non domandò del primo o del secondo flauto, ma del settimo. Anche il settimo flauto è importante nell'orchestra per creare armonia.

« *Possiamo sentirci inferiori, senza capacità, brutti e ignoranti, ma ognuno di noi ha una parte da sostenere e deve farla bene* » (William L. Stidger).

« *Se conoscessimo gli altri come conosciamo noi stessi, anche le loro azioni più esecrabili ci sembrerebbero meritevoli di indulgenza* » (André Maurois).

Un fiasco d'acqua

Nel villaggio si organizzò una festa. Tutti furono invitati a contribuire con un fiasco di vino da versare in una grande botte.

Quando cominciò la festa, si aprì il rubinetto e ne venne fuori solo acqua.

Uno si era detto: « Se metto un fiasco d'acqua in una botte di vino, nessuno se ne accorgerà ». Ma non aveva pensato che altri avrebbero fatto come lui.

In qualsiasi progetto comunitario, non si può lasciare tutto agli altri.

« Con la concordia le piccole cose crescono, con la discordia anche le più grandi vanno in rovina » (Sallustio).

« Nessuno può essere perfettamente libero, se non tutti sono liberi; nessuno può essere perfettamente morale, se non tutti sono morali; nessuno può essere felice, se non tutti sono felici » (Herbert Spencer).

La Grande Muraglia

Gli abitanti dell'antica Cina costruirono ai propri confini la Grande Muraglia, lunga centinaia di chilometri, per impedire alle tribù nomadi di invadere il territorio nazionale. I cinesi si credevano protetti dalla Muraglia, che era costata denaro, tempo, fatica e la vita di molti.

Tuttavia, nel giro di pochi anni, i nemici entrarono in Cina ben tre volte. Senza far breccia nella Grande Muraglia e senza abbatterne le porte.

Era bastato corrompere le guardie. La debolezza veniva dal di dentro.

Il governo è tanto efficiente quanto lo sono gli uomini che lo formano.

Al governo dobbiamo mandare i cittadini migliori, quelli che assumono il proprio compito come servizio al pubblico, con rettitudine e onestà.

Una bella abitudine

Seneca, filosofo e tutore di Nerone, scrisse: «Ogni notte, quando spengo la lampada e mia moglie, conoscendo la mia usanza, rimane silenziosa, io esamino la giornata. Ripenso a ciò che ho detto e ho fatto, senza nascondermi niente. Se trovo qualcosa di riprovevole, mi dico: "Stavolta ti perdono, ma non farlo più"».

Se i sapienti del passato, nel loro desiderio di perfezione, facevano ogni giorno l'esame di coscienza, a maggior ragione dovremmo farlo noi.

L'esame di coscienza avvicina a Dio, conduce alla perfezione, fa conoscere se stessi e apre al prossimo.

Sette uomini sciocchi

Il poeta inglese Alexander Pope scrive che gli stolti si precipitano dove gli angeli hanno paura a camminare.

Intèrrogati se per caso segui l'esempio di questi uomini considerati sciocchi:

l'uomo che non si corregge dagli errori del passato;

l'uomo che pensa che tutti gli uomini di successo abbiano avuto una raccomandazione;

l'uomo che non ha il coraggio di cambiare una decisione;

l'uomo che aspetta sempre un colpo di fortuna;

l'uomo che dice sempre: « Non si può fare »;

l'uomo che spreca il proprio denaro e il proprio tempo;

l'uomo che crede di poter fare a meno di Dio.

Caterina ingannata

Nel 1787 Caterina di Russia fu ingannata in modo clamoroso.

Mentre navigava sul fiume Dnjepr per un giro di ispezione in alcuni nuovi territori, i suoi collaboratori allinearono lungo le rive grandi tele su cui erano dipinte scene che rappresentavano piccoli villaggi, tenute, allevamenti di bestiame.

Aggiunsero a queste scene uomini, donne e bambini del luogo, ben vestiti, che passeggiavano e applaudivano. Tutto l'apparato viaggiava ed era trasportato lungo le rive man mano che la regina seguiva il fiume.

Il proposito di questa mascherata era impedire che Caterina vedesse la povertà e la miseria del suo popolo.

Il mondo è pieno di persone che cercano evasione dalla realtà, ma generalmente questa fuga ingenera ancora maggior disorientamento.

L'ufficiale e il leoncino

Un ufficiale inglese di servizio in India trovò un cucciolo di leonessa nella foresta. Lo prese e lo portò nel campo. Con il passare del tempo, egli diventò così indulgente con il leoncino da tenerlo nella tenda anche durante la notte.

Un notte, tuttavia, l'ufficiale si svegliò bagnato di sudore e con il viso sanguinante. L'animale, forse cercando di dimostrare il suo affetto verso il padrone, lo aveva « accarezzato » con le zampe che ormai mostravano le unghie.

L'ufficiale prese l'unica decisione saggia. Si liberò del leoncino.

Dice un proverbio popolare: « Una piccola scintilla può bruciare una villa ».

Chi sottovaluta i piccoli danni va presto in rovina.

La saggezza di Lincoln

Abramo Lincoln dimostra una assiomatica saggezza nel fare le seguenti osservazioni:

« Non si crea prosperità scoraggiando la frugalità.

Non si ispira forza nei deboli indebolendo i forti.

Non si aiuta il salariato togliendo di mezzo colui che lo paga.

Non si promuove la fratellanza degli uomini incoraggiando la lotta di classe.

Non si aiutano i poveri distruggendo i ricchi.

Non si costruisce una sicurezza prendendo soldi in prestito.

Non si forma un carattere e non si infonde coraggio privando l'uomo di iniziativa e indipendenza.

Non si aiutano gli altri facendo per loro ciò che essi possono e devono fare da sé ».

Si può essere costruttivi in tanti modi. Ci vuole più tempo e più sforzo a costruire che a distruggere, a migliorare che a biasimare.

Tentata rapina

Due ladri si avvicinarono a un vecchietto chinato a leggere i titoli dei giornali esposti in un'edicola. Uno gli puntò la pistola e gli intimò:

« Mani in alto! »

Raddrizzandosi in tutta la persona, il vecchietto gridò:

« Vattene, vattene! »

E con meraviglia sua e del giornalaio, essi se ne andarono.

Egli spiegò: « Ero così furente per la sfrontatezza di quei due, che non ho potuto far altro che gridare. Volevo cacciarli via ».

È possibile frenare l'ingiustizia semplicemente con la denuncia e parlando in favore dell'onestà.

« Nella ricchezza è la paura della povertà,
nella conoscenza è la paura dell'ignoranza,
nella fama è la paura della calunnia,
nel successo è la paura della gelosia,
anche nel corpo è la paura della morte.
Tutto sulla terra è pieno di paura.
Solo colui che ha rinunziato a tutto
è intrepido ».

(Bartri Hari)

Nuove inquietudini

Ecco una massima di Oliver Goldsmith: « È una triste considerazione che il principale sostentamento di una persona generi spesso le sue più grandi apprensioni e che l'aumento dei nostri averi sia solo l'accesso a nuove inquietudini ».

Queste parole sono state scritte nel secolo XVIII e fanno eco a quelle di Tommaso d'Aquino, scritte quasi cinquecento anni prima: « L'uomo deve avere una certa apprensione circa il raggiungimento e la preservazione dei beni materiali. Ma se li cerca o li possiede in quantità moderata per il fabbisogno di una vita semplice, allora l'inquietudine creata non è in conflitto con la perfezione della vita ».

Sii moderato nel possedere beni terreni per evitare di esserne posseduto.

Contrordine

Per far piacere a un ufficiale, Abramo Lincoln firmò l'ordine di trasferire alcuni reggimenti.

Il ministro della guerra Stanton, ritenendo che il Presidente avesse commesso un errore, rifiutò di eseguire l'ordine. E disse: « Lincoln è uno stupido ».

Quando gli fu riferito ciò che Stanton aveva detto, Lincoln rifletté: « Se Stanton ha detto che sono uno stupido, probabilmente lo sono, perché Stanton ha quasi sempre ragione. Indagherò ».

Lincoln ascoltò le ragioni di Stanton e, avendole ritenute valide, annullò l'ordine di trasferimento.

La sua grandezza consisteva appunto nell'accettare la critica e nella capacità, se era opportuno, di correggersi.

La capacità di accettare le critiche alle tue azioni è necessaria per fare del bene e conferisce efficacia al tuo lavoro.

Non cercare difetti, cerca rimedi.

«*Niente verrebbe fatto, se ciascuno di noi aspettasse di compiere le proprie azioni così bene che nessuno trovi da ridire*» (John Henry Newman).

Il valore degli zeri

Il papà era in giardino con i suoi tre figli. In vena di conversare, domandò:

« Se i vostri desideri diventassero realtà, che cosa vorreste? »

« Io vorrei essere bella », disse la bambina. « A tutti piace la bellezza e tutti mi amerebbero ».

« Come sei sciocchina », le disse il fratello. « Ti ricordi come era bella la tua amica, Lalita, prima del vaiolo? La bellezza passa. Per conto mio, desidero diventare ricco. Il denaro governa il mondo e mi permetterà di comprare ciò che voglio ».

Anche l'altro fratello espresse il proprio desiderio:

« Io credo che tu sia sciocco come tua sorella. La ricchezza svanisce quanto la bellezza. Io scelgo la sapienza. Nessuno me la potrà rubare ».

Il padre ascoltò in silenzio. Con un bastoncino scrisse sulla sabbia alcuni zeri e soggiunse: « Le cose che avete detto – bellezza, ricchezza e sapienza – sono nulla per un uomo virtuoso. Sono come tanti zeri. Ma se mettete un numero davanti agli zeri, essi acquistano un valore immenso. Ciò che veramente conta è la virtù. Solo la virtù vi fa belli, ricchi e sapienti ».

Una vite fuori posto

Un aereo con numerosi passeggeri fu costretto a un atterraggio di fortuna per il cattivo funzionamento del carrello di servizio. Solo l'abilità del pilota evitò una tragedia.

I tecnici lavorarono per tre ore prima di scoprire che una piccola vite, fuori posto, era stata la causa di questo incidente meccanico.

Piccole cose, buone o cattive, possono portare vantaggi o svantaggi a moltissime persone. In fabbrica, in ufficio, nella scuola, nel governo, chi è sleale o irresponsabile può danneggiare tanti. Al contrario, chi lavora con responsabilità e per il bene di tutti impedirà tante ingiustizie.

Non sottovalutare la tua capacità di bene e nemmeno il valore dei piccoli atti di carità e di giustizia.

Il metodo della regina Blanche

Luigi IX, amato da tutto il popolo francese, attribuiva il proprio successo alla madre, la regina Blanche.

Sembra che la regina gli si sia rivolta con queste parole, che ben fanno intendere il suo metodo educativo: « Figlio, ti amo con tanto amore, ma preferirei sapere che sei morto e che il trono di Francia è vacante, piuttosto che vedere la tua anima macchiata da una vita riprovevole ».

Se la regina di Francia poté occuparsi tanto dell'educazione del figlio, certamente le nostre madri possono fare altrettanto.

Madre, forse tuo figlio non sarà né re né presidente della repubblica, ma egli può ascendere il trono di una onorevole cittadinanza, se è onesto e responsabile dei propri doveri.

Il prezzo della pace

Lo scrittore Joseph Folliet, autore del libro *La pace del cuore*, dà alcuni suggerimenti per avere la pace nel mondo.

Scrive: « Il mondo ha sete di pace... ma, quantunque la desideri, non può ottenerla perché non è pronto a pagarne il prezzo.

« Il prezzo della pace è volere e lavorare per il bene dell'uomo.

« Il prezzo della pace è rispetto per l'unicità e l'autonomia di tutti i gruppi etnici e culturali, rinunciando ai falsi dogmi di tutte le autarchie e gli assolutismi, di tutte le forme di nazionalismo e di imperialismo.

« Il prezzo della pace è accettare una legge morale esterna che è sopra e oltre la volontà di qualsiasi gruppo ».

Quando ci saranno persone di buona volontà disposte a introdurre questi principi nei pensieri, nelle parole e nei fatti, allora l'umanità godrà della pace che tutti desiderano.

IDEALI

Una giornata vuota

Viviamo in una società commerciale e a volte limitiamo la nostra vita a produrre e a consumare. Sembra che anche i giornalisti vivano di notizie di consumo.

Uno diceva:

«Quest'oggi è una giornata vuota: nessun omicidio, nessun assalto a banche... Niente di serio da riportare».

Il direttore gli rispose:

«Non scoraggiarti. Io ho fiducia nella natura umana. Qualcosa capiterà... Sii pronto».

Se occupiamo la nostra mente con questi pensieri e sentimenti, non saremo più capaci di vedere il bello e il buono nel mondo.

Se la nostra vita interiore è in armonia con Dio e con la bellezza, la nostra vita esteriore comunicherà agli altri la pace e la gioia che provengono da questa interiorità.

> *«Non dobbiamo essere negligenti*
> *della verità,*
> *non dobbiamo essere negligenti*
> *della virtù,*

non dobbiamo essere negligenti
della felicità,
non dobbiamo essere negligenti
della prosperità».

(Taittirya Upanishad)

La scorciatoia

Il padre accompagnò il figlio all'università. Quando vide il piano di studi, scosse la testa in segno di disapprovazione. Ottenuto un incontro con il preside di facoltà, gli domandò:

« Mio figlio deve seguire questo programma? Non si può accorciare? Egli vuole cavarsela in fretta! »

Il preside rispose:

« Certo, suo figlio può seguire un corso più breve. Tutto dipende da ciò che vuole essere. Quando il Signore vuole far crescere una quercia, ci impiega vent'anni, ma ci mette solo due mesi per far crescere una zucca ».

Le scorciatoie sono sempre attraenti ma, come la quercia cresce con il tempo, così è anche della mente e del carattere. « A chi non fatica, il tempo produce ortica ».

Il successo non consiste nel fare ciò che piace, ma nel godere di ciò che si fa.

Impariamo dagli alberi

Si legge nel *Bhagavata Purana*, una raccolta di leggende dell'antica India, che Krishna e il suo amico Balarama conducevano le mucche al pascolo.

Il sole era cocente, ma l'ombra degli alberi ai bordi della strada li proteggeva dai raggi.

Krishna osservò: «Come sono fortunati questi alberi! Vivono solo per il beneficio degli altri. Sono esposti al vento e al sole, alla pioggia e alla neve. Ci proteggono e ci fanno ombra senza aspettarsi alcuna ricompensa».

La nostra vita ha significato solo quando è condivisa. Come doniamo, così riceviamo.

J. TILMAN
1995.

Due democrazie

Arnold Lunn scrive che ci sono due tipi di democrazia.

La prima è la democrazia del santo. È fondata sulla compassione e umiltà, e dice: « Tu sei tanto buono quanto lo sono io ». L'altra è la democrazia del peccatore. È fondata sull'invidia e dice: « Io sono tanto buono quanto lo sei tu ».

Le parole dei due principi sono quasi eguali, ma c'è tanta differenza nel loro significato.

È bene credere nei principi, ma è meglio dimostrare la nostra convinzione con i fatti.

Se uno non fa come pensa, finisce col pensare come fa.

Un uomo che non fa niente non crede in niente. Un uomo con un'idea giusta sarà ispirato da questa idea.

Un buon investimento

Il custode di un grande ippodromo chiuse il proprio conto in banca – i risparmi di tutta la vita – e lo diede al nipote perché si pagasse gli studi all'università.

Gli fu domandato come potesse permettersi questo gesto. Il custode sorrise e disse: «Tutti i giorni vedo migliaia di uomini puntare sui cavalli e perdere perfino la camicia. Ho pensato di avere una buona occasione per vincere se punto su un essere umano».

Puntare sull'uomo non delude. Non possiamo certamente perdere, perché, dopo tutto, la nostra buona azione ci dà la soddisfazione di aver fatto qualcosa di meritevole, accumulando un tesoro in cielo.

«Da' un po' d'amore a un bambino: ne riceverai una gran quantità» (John Ruskin).

L'ospite più grande

Trovandosi a Pretoria (Sudafrica), Gandhi passò vicino alla casa di alcuni amici cristiani e pensò di far loro una visita.

Era sera, e già piuttosto tarda. Quando entrò, vide tutta la famiglia radunata in preghiera. Gli diedero il benvenuto e decisero di rimandare le preghiere. Ma Gandhi li invitò a continuare: « Continuate le vostre preghiere. Colui al quale le indirizzate è più grande di me ».

La famiglia che prega unita sta unita.

J. TOLMAN

Minimo sforzo, massimo piacere

Il dottor Alexis Carrel, premio Nobel per la medicina, parla della necessità di autodisciplina:

« Per la maggioranza delle persone tutto è ormai troppo facile. Tutta la vita è condizionata dal... minimo sforzo e massimo piacere. La gente vuole divertimento; divertirsi è la più grande aspettativa. La vita perfetta, secondo giovani e adulti, è un avvicendarsi di agiatezza e piacere.

« Questo modo di vivere indolente e indisciplinato ha distrutto le nostre forze individuali, ha messo in pericolo la forma democratica del governo... La nostra razza ha bisogno di una nuova fonte di disciplina, di moralità e di intelligenza ».

Certo, abbiamo bisogno di una giusta misura di gioia. È dono di Dio. Ma ricordiamoci che abbiamo poco tempo per prepararci per l'eternità. Fermi su questa verità, è più facile praticare la temperanza.

Calma nella bufera

Il pilota di un piccolo aereo da trasporto raccontò di essere stato investito da una bufera di vento che teneva l'aereo perfettamente fermo in aria. I motori rombavano ma l'aereo non avanzava di un millimetro.

« Era strano volare a qualche centinaio di chilometri l'ora », osservò il pilota, « e non muoversi affatto ».

A volte noi facciamo lo stesso: comunque cerchiamo di andare avanti, sembra che non ci muoviamo. È però bene ricordare che colui che non cerca di avanzare indietreggia.

Se il pilota avesse spento i motori, molto probabilmente non sarebbe sopravvissuto. Poté rimanere in volo solo perché fece del suo meglio per andare avanti.

« Non progredire è regredire » (proverbio latino).

Felicità è...

La felicità è stata definita in molti modi.

Per Emerson la felicità è amicizia.

Per Thoreau è la bellezza della natura.

Per Robert Louis Stevenson è il tempo di sedere vicino al fuoco e pensare.

Per Gandhi la felicità dipende da ciò che tu puoi dare, non da ciò che puoi ricevere.

Per Buddha felice è la virtù che dura fino a tarda età, felice è la fede saldamente radicata, felice è il possesso della sapienza, felice è evitare il peccato.

W. Beran Wolfe definì così la felicità: « Se osservi un uomo veramente felice, lo troverai a costruire una barca, a scrivere una sinfonia, a educare il proprio figlio, a crescere dalie a doppia corona o a cercare uova di dinosauri nel deserto di Gobi... Ma sarà consapevole del fatto che è felice perché vive intensamente ventiquattro ore al giorno ».

« Signore, tu ci hai fatti per te, e il cuore dell'uomo è inquieto finché non riposa in te » (Agostino di Ippona).

Occhio alla strada

Una giovane donna si iscrisse alla scuola di guida. Durante una lezione di pratica, in una strada con molto traffico, l'istruttore si chinò verso di lei e le bisbigliò:

« Mi ha forse chiamato "caro"? »

« Signore! », gridò la signorina voltandosi verso di lui.

Ma l'istruttore, tutto sorridente, le disse di fare attenzione alla strada. E aggiunse:

« Ho fatto questo per insegnarle una lezione: non importa ciò che gli altri le dicono, lei deve sempre stare attenta alla strada ».

Non lasciarti distrarre dai tuoi obiettivi. Una breve preghiera, un momento di riflessione saranno di grande aiuto nel proseguire il tuo cammino.

Nessun favoritismo

Un agente della polizia stradale fermò un autista che aveva superato la velocità consentita.

« Lei ha superato i limiti! »

« Eh sì, ha ragione », convenne l'autista, e nella speranza di evitare la multa aggiunse: « Sono un sergente della polizia stradale. Al momento, sono in licenza ».

Il poliziotto diede uno sguardo alle credenziali del sergente, poi gli consegnò la multa.

« Giovanotto », disse il sergente un po' irritato, « un giorno o l'altro capiterai all'ufficio di controllo e là mi incontrerai come sergente ».

« Bene, quando sarò là », ribatté l'altro, « lei si ricorderà che ha un uomo retto alle sue dipendenze ».

«*Dammi forza, Signore!*»

Il poeta Robindronath Tagore, premio Nobel, è uno dei più illustri figli del subcontinente indiano. Fu promotore di pace e di armonia fra la sua gente, amato da tutti senza distinzione di razza, casta o credo. Con la sua poesia abbatté le barriere tra Oriente e Occidente.

Prendiamo ispirazione dalla sua preghiera intitolata *Dammi forza, Signore!*

> Questa è la mia preghiera a te, o Signore.
> Metti la scure, taglia alla radice
> la povertà del mio cuore.
> Dammi forza di sopportare
> serenamente gioie e dolori.
> Dammi coraggio di donare
> il mio amore a servizio degli altri.
> Dammi coraggio di non abbandonare
> il povero o piegare le ginocchia
> alla prepotenza umana.
> Dammi forza per elevare la mente
> sopra la grigia quotidianità.
> Dammi forza, Signore,
> di abbandonare la mia capacità
> alla tua volontà con amore.

L'incoraggiamento

Quando Nathaniel Hawthorne fu licenziato dall'ufficio doganale dove lavorava, sua moglie lo rincuorò:

« Adesso potrai dedicarti al libro che hai in mente di scrivere... »

« E con che cosa vivremo? », domandò Hawthorne scoraggiato.

La moglie prese da un cassetto una somma di denaro che aveva segretamente risparmiato e spiegò:

« Ho sempre saputo che sei un uomo che vale e spero che un giorno scriverai un capolavoro. Tutte le settimane ho risparmiato qualcosa sulle spese di casa, e questo ci basta per andare avanti almeno un anno ».

In quell'anno Hawthorne scrisse *La lettera scarlatta*, il suo capolavoro.

Chi ama crede.

La potenza della penna

« Le rivoluzioni non cominciano dalle fabbriche di armi. Cominciano dal calamaio », scrive Francis Hackett. « Il governo che controlla la mente dei suoi scrittori calcola deliberatamente il fermento creato dalla critica. E, condizionando politicamente, controllando o annientando i suoi uomini di lettere, distrugge le radici della libertà ».

Grande è l'importanza di chi scrive, sia romanziere, giornalista o redattore di una rivista o di un quotidiano, oppure autore di sceneggiature per la radio, la televisione o il cinema.

Le parole cambiano il mondo. Il poeta Byron disse: « Una piccola goccia di inchiostro fa pensare migliaia o forse milioni di persone ».

Incoraggiamo e patrociniamo gli scrittori che difendono la giustizia, perché tutti possano vivere e godere la libertà.

Impegniamoci affinché tutti i mezzi di comunicazione sociale facciano una comunicazione positiva, educativa, capace di informare.

«Tutte le organizzazioni del mondo saranno vane, se la verità che l'amore è più forte dell'odio non le ispira» (S. Radhakrishan).

Il lavoro nobilita

Tre tagliapietre lavoravano per costruire una cattedrale.

Un curioso domandò a ciascuno di essi: « Che cosa stai facendo? »

« Sto squadrando pietre », rispose il primo.

« Mi guadagno da vivere », rispose il secondo.

« Lavoro per costruire una cattedrale », rispose il terzo con importanza.

In qualsiasi settore di lavoro, specialmente nel lavoro di gruppo, non c'è distinzione tra lavoro importante e lavoro meno importante. Ogni compito è importante per il successo del progetto.

Lavorare significa cooperare al disegno immenso della creazione divina. L'operosità umanizza l'universo a comune vantaggio.

« *Il vero compenso non è ciò che il lavoro ci permette di guadagnare, ma ciò che esso ci permette di diventare* » (John Ruskin).

«Tutto ha un prezzo»

«Tutto ha un prezzo», scrive Arthur P. Pereira. «Se vuoi ottenere qualcosa di grande, devi essere pronto a pagare di persona. Il premio del successo è nell'azione e non arriva facilmente. Una parte della tua energia è richiesta per risollevare gli apatici dalla loro ruggine, per sfidare le incomprensioni dei soci, il sorriso dei parenti, le ostilità dei rivali. Anche fra gli amici troverai chi è pronto a dissuaderti.

«Con tanti ostacoli e intralci, molti uomini e molte donne sono tentati di ritirarsi. Quando la gente ti critica, ricorda che i ragazzi non lanciano sassi agli alberi senza frutti, ma solo a quelli che ne sono carichi, e più sono carichi, più sassi ricevono».

«Fa' tutto il bene che puoi,
in tutti i modi che puoi,
a tutte le persone che puoi,
e sempre fino a che puoi».
(John Wesley)

Una bella risposta

Quando fu domandato al pugile Gene Tunney che cosa avrebbe fatto se avesse perso il campionato mondiale contro il suo avversario Jack Dempsey, questa fu la risposta: «Uno solo di noi può vincere il titolo, ma tutti e due possiamo guadagnare applausi».

La vita è un pellegrinaggio con momenti di tranquillità e momenti di angoscia. Non ammette insipienza né trascuratezza. Per vincere dobbiamo non solo guardare ai risultati, ma anche concentrarci nella lotta. Il valore si misura dagli sforzi.

Per ognuno si tratta soprattutto di realizzare la propria vita, non solo di riuscire nella vita. Essa è ben vissuta se è piena.

La ricetta di Goethe

Ecco che cosa scrive Goethe a proposito della felicità.

« Ci sono nove ingredienti per essere felici:

abbastanza salute per fare del lavoro un piacere,

abbastanza ricchezza per affrontare le necessità,

abbastanza coraggio per combattere le difficoltà e superarle,

abbastanza grazia per confessare i propri peccati e dimenticarli,

abbastanza pazienza per fare del bene,

abbastanza carità per vedere un po' di bene nel prossimo,

abbastanza amore per essere utili e serviziervoli verso gli altri,

abbastanza fede per realizzare le verità di Dio,

abbastanza speranza per bandire tutte le paure e le ansietà riguardo al futuro ».

«*Io guadagno ciò che mangio, mi procuro ciò che vesto, non ho odio per nessuno, non invidio la felicità di nessuno; sono contento del benessere degli altri e contento dei miei mali*» (William Shakespeare).

«Lui sta bene»

Lo scultore americano John Quincy Adams, ormai ottuagenario, incontrò un amico che gli domandò:

«In questo splendido giorno, come sta il signor John Quincy Adams?»

Il vecchio, con gli occhi scintillanti, rispose:

«John Quincy Adams sta discretamente, grazie, ma il corpo in cui vive è malconcio. Sta cedendo dalle fondamenta. Presto John Quincy Adams dovrà lasciarlo. Ma lui sta bene».

Se siamo motivati da ideali onesti e costruttivi, rimarremo attivi anche quando il corpo comincerà a perdere il proprio vigore.

La motivazione crea la differenza!

Verso la luce

Una donna anziana, ammalata e da lungo tempo confinata nella sua camera, aveva un vaso di rose sul davanzale della finestra.

Un giorno notò che le rose si erano girate verso la luce. Essa girò il vaso verso il letto per godere la bellezza dei fiori, ma il giorno dopo le rose erano nuovamente girate verso il sole.

Segui l'esempio delle rose: guarda la luce, cammina verso la luce. Vivi orientato verso il sole. Non lasciarti mai ingabbiare dalla depressione, dal vuoto esistenziale, dalla malinconia.

La gioia è più preziosa del dolore. Tutti noi stiamo volentieri con quelli che hanno un sano ottimismo e sono allegri.

L'uomo che canta sul lavoro lavora di più, lavora meglio e vive più a lungo.

Messaggio ai posteri

Quando nella costruzione di una nuova ala della New York State University fu posta la pietra angolare, il rettore vi incluse questo messaggio:

« Saluti a chi viene dopo di noi.

Il giorno 12 maggio 1950 abbiamo messo la pietra angolare di questo fabbricato dedicato al più nobile sapere.

Noi facciamo questo come un atto di fede.

Crediamo in Dio. Crediamo nella capacità dell'uomo di alzarsi a nuove altezze da qualsiasi abisso.

Crediamo che l'istruzione può proteggere l'umanità dalla sua connaturale debolezza.

Crediamo che gli uomini e le donne che lasceranno questa università daranno il loro pieno contributo al miglioramento di questo mondo.

Con queste convinzioni, noi andiamo avanti.

Sia il vostro mondo più felice del nostro e una parte della vostra felicità sia dovuta a noi.

Dio ci aiuti ».

Ciascuno di noi può dare un contributo a creare un mondo migliore facendo sentire la propria presenza nella concretezza della vita quotidiana.

Avanti in salita

All'alpinista Mallory, che perse la vita sull'Everest, una volta fu domandato:

« Perché vuole scalare la montagna? »

« Perché è là ».

Il coraggioso arrampicatore vedeva una sfida nelle cime inviolate. Qualcosa non lo lasciava in pace fino a che non aveva compiuto la salita.

Molti sono inclini a vivere una vita mediocre, ad adagiarsi, seguendo la linea di minor resistenza. Ma per altri esiste una sollecitazione a essere creativi e dinamici, per rendere la vita degna di essere vissuta.

Come lo scalatore, abbiamo bisogno di mettere da parte la paccottiglia terrena, superare le difficoltà, prendere la salita di buon grado e gustare la freschezza della cima.

Il pescatore di ostriche

Un pescatore mangiava ostriche con gusto, quando gli capitò di mordere qualcosa di duro e si ruppe un dente.

Lì per lì si arrabbiò, ma poi, cercando la causa del dolore, scoprì che aveva dato un morso a una grossa perla.

Forse non ti capiterà di mordere una perla mangiando ostriche, ma è assiomatico che non otterrai mai successo se non sei disposto a pagare di persona. Molti non si realizzano nella vita perché temporeggiano con quelle difficoltà che li aiuterebbero a superarsi e a vincere.

Non essere troppo pronto ad agire e a cercare ciò che ti porta un profitto immediato. Sii più impegnato a essere. Costa più fatica, ma paga di più.

«La civiltà dei consumi ha stravolto il concetto di essere *in* avere*»* (Erich Fromm).

TRASCENDENZA

Senza paura

Qureisha era una ragazza indiana, ricoverata all'ospedale di Patna. Era affetta di una paralisi progressiva che le impediva ogni movimento. Era ammirata da tutti per la pazienza e il buon umore.

Un giorno, una signora anziana morì improvvisamente in una circostanza piuttosto tragica. Tutte le ammalate erano confuse.

Più tardi una suora infermiera domandò a Qureisha:

«Non hai avuto paura per quello che hai visto?»

«No», rispose lei. «Perché avrei dovuto averne? Presto o tardi, dobbiamo morire. Siamo nelle mani di Dio, sempre. Quando è la sua volontà, noi moriamo. C'è qualcosa di meglio per noi?»

Nina: «Nonno, perché tutti muoiono?»
Cipputi: «Perché è gratis, Nina».

(Tullio Altan)

L'altro mondo

Lady Huntington scrive nelle sue *Memorie* che una volta ebbe ospite a cena il grande banchiere Rothschild. Nella conversazione, mentre raccontava come era stato difficile salire la scala del successo, egli disse:

« La mia grande ambizione adesso è educare i miei figli cosicché possano perpetuare il successo che ho ottenuto ».

Lady Huntington aggiunse:

« Spero che lei possa trovare anche il tempo per preparare i suoi figli per l'aldilà ».

« No! No certamente! », ribatté il banchiere. « Non mi posso permettere di parlare loro dell'altro mondo. Questo dividerebbe le loro energie e distrarrebbe la loro attenzione! »

« I più alti gradi di carità, di devozione e fiducia, di pazienza e coraggio, che le ali della natura umana abbiano abbracciato, li hanno ottenuti gli ideali religiosi » (James William).

Una risposta significativa

Nel marzo del 1946 un ufficiale nazista ammetteva davanti ai giudici, con calma e indifferenza, di aver contribuito a mandare alla camera a gas due milioni e mezzo di persone.

Uno dei giudici gli domandò:

«Lei crede in Dio?»

«No», fu la risposta.

Nelle nazioni dove Dio è stato rifiutato, la vita umana non ha valore e viene eliminata per un nonnulla. Difendiamo la vita e la dignità dell'uomo.

«Per me la vita è un mistero troppo grande, un dono troppo sacro di Dio per essere adeguatamente apprezzata... Il più grande artista è colui che vive la vita più bella» (Gandhi).

La differenza

Samuel Taylor Coleridge, saggista inglese del primo Romanticismo, dimostra la sua acutezza nel credere al valore spirituale dell'uomo. Scrive: « O abbiamo un'anima spirituale o non l'abbiamo. Se non l'abbiamo, siamo bestie, forse la prima e la più intelligente delle bestie, ma pur sempre bestie. Ci differenzieremmo solo nel grado, non nella specie, come un elefante differisce da una pepita.

« Quelli che vogliono rendere l'uomo schiavo diffondono la degradante idea che l'uomo è solo un animale. Essi dimenticano che il vero motivo per cui l'uomo non è libero di agire come le bestie è che egli ha un'anima immortale ».

Non è bello chi ha un bel viso, ma chi ha una bella anima.

«Perché?...»

Durante la seconda guerra mondiale, un ospedale di Londra fu colpito dalle bombe. La scena era indescrivibile. Un sacerdote si fermò ad aiutare la squadra soccorritrice che cercava disperatamente di liberare alcuni feriti dalle macerie.

Uno della squadra, sopraffatto dal dolore, disse al prete:

«Perché il tuo Dio non ferma questo massacro?»

Il sacerdote, senza alzare la testa dal suo lavoro, rispose:

«E tu glielo hai chiesto?»

«Molte più cose sono ottenute con la preghiera di quanto il mondo possa pensare» (Alfred Tennyson).

Un uomo andò dal saggio che abitava nella foresta e gli pose due domande. La prima: « Perché dici che Dio è in ogni luogo? Io non lo vedo. Fammelo vedere ». La seconda: « L'uomo è punito per i suoi misfatti. Ma tutto quello che fa è diretto e causato da Dio. Perciò l'uomo non ha libertà. Egli non può fare nulla senza che Dio lo permetta ».

Il saggio prese una zolla di terra e la gettò sulla testa del povero malcapitato, il quale, lamentandosi per il dolore, andò dal giudice e disse:

« Ho chiesto due spiegazioni al saggio. Ma, invece di una risposta, ho ricevuto una zolla di terra in testa ».

Il giudice chiamò il saggio, il quale replicò:

« La risposta è nella zolla di terra. Se quest'uomo dice che ha male alla testa, chiedetegli di farmi vedere il suo dolore. Quindi io gli mostrerò Dio.

« E poi perché è venuto da sua eccellenza ad accusarmi? Non è stato Dio a fare ciò che io ho fatto? Senza la volontà di Dio, io non avrei potuto tirare la zolla. Perché allora dice che la colpa è mia? »

Logica

La nonna domanda al nipotino:
« Dici le preghiere tutte le sere? »
« Certo, nonna ».
« E tutte le mattine? »
« No! Io non ho paura di giorno! »

Noi chiamiamo Dio « Padre nostro », ma a volte ci rivolgiamo a lui, come facciamo con il dottore, solo quando stiamo male.

Non preghiamo Dio soltanto quando ne abbiamo bisogno, ma soprattutto andiamo a lui come a un genitore e diciamogli anche le nostre gioie, i nostri successi, la nostra gratitudine.

« Il più grande dono della mente è la conoscenza di Dio » (Spinoza).

Fa' la tua parte

« Per tutti gli uomini di buona volontà e di buona fede è venuto il tempo di essere consapevoli della parte che essi possono avere nella vita, se la nostra civiltà deve durare. Tutti hanno la responsabilità del futuro ».

Queste sono le parole con le quali il noto biologo Lecomte du Noüy introduceva uno dei suoi *bestseller*.

E così lo concludeva: « Ogni uomo soprattutto non deve dimenticare che la fiamma divina è in lui, solo in lui, ed egli è libero di ignorarla, di spegnerla o di avvicinarsi a Dio dimostrando il proprio desiderio di lavorare con lui e per lui ».

Tutti possono vivere in comunione con Dio e fra loro. Sublimando ognuno la propria personalità, il proprio io, si forma un misterioso « noi ».

Un consiglio

Il piccolo Marco, di cinque anni, diceva già le preghiere della sera da solo. Tuttavia la mamma gli stava vicino, per sentire se per caso ne dimenticasse qualcuna.

Dopo aver detto: « Signore, benedici la mamma, benedici il papà, benedici la nonna », generalmente si metteva a letto.

Ma una sera aggiunse: « E tu, Signore, abbi cura di te stesso, perché, se ti succede qualcosa, noi siamo tutti fritti! »

Fortunatamente Dio non cambia e non è soggetto ai nostri umori. Possiamo sempre contare su di lui, nostro Padre, nella gioia e nel dolore, nella serenità e nella inquietudine.

La preoccupazione di Lincoln

Un amico cercava di incoraggiare Lincoln, quotidianamente alle prese con grandi problemi: «Coraggio! Il Signore è con noi».

«Io non sono affatto preoccupato di questo», rispose il Presidente, «perché Dio è sempre con il giusto. Ma la mia preoccupazione e preghiera è che io e la nazione siamo con Dio».

Dio ci ha creati a sua immagine e somiglianza. Non è lui a doversi adattare ai nostri progetti: siamo noi che dobbiamo adattarci ai suoi piani e alla sua volontà.

Quando preghiamo: «Sia fatta la tua volontà», cooperiamo alla pace di tutti. La nostra pace è fare la volontà di Dio.

Il metodo di Haydn

Haydn, il famoso compositore austriaco, non aveva timore ad ammettere la sua profonda religiosità.

Un giorno si trovava in compagnia di alcuni musicisti, che discutevano sul modo migliore di rinfrescare la mente quando ci si sente stanchi.

Uno disse: « Non c'è rimedio migliore che un bicchiere di buon vino ».

Un altro: « Quando l'ispirazione mi viene meno, lascio il lavoro e mi trovo una compagnia gioviale. Questo mi dà sempre la carica ».

« E tu, Franz? », fu domandato ad Haydn.

« Io prendo il rosario che porto sempre con me. E dopo pochi minuti mi sento rinfrescato nella mente e nel corpo ».

Quando congiungi le mani, Dio apre le sue.

Prega sempre

De Ravignan dà una particolare spiegazione ai nostri problemi personali e sociali. Scrive: « Credete, cari amici, a un'esperienza maturata in trent'anni di ministero sacerdotale, credetemi quando affermo che tutte le illusioni, tutte le debolezze spirituali, tutte le miserie, tutti i peccati e tutte le colpe, e anche il più grave allontanarsi dalla retta via, tutto avviene per mancanza di preghiera ».

Vivi una vita di preghiera. Impara a cambiare tutto in preghiera: lavoro, sofferenze, tentazioni.

Prega quando sei nella calma e quando sei nella bufera.

Prega quando ti alzi e quando ti corichi.
Prega sul lavoro, in viaggio, nello svago.
Prega quando sei stanco e quando sei distratto.
Prega perché possa imparare a pregare.
Puoi sempre dire una preghiera breve.

Impossibile!

L'imperatore Carlo V si era affezionato a un vecchio servitore che lo aveva servito per molti anni. Quando il servitore stava per morire, l'Imperatore andò al suo capezzale e gli disse:

« Mio caro amico, tu mi hai servito per tanto tempo. Vorrei in qualche modo ricambiare il tuo affetto. Desideri qualche favore? Dimmelo e farò in modo che tu lo ottenga ».

« Sì », rispose il servitore. « C'è un dono che vorrei ricevere dalle vostre mani, maestà... »

« Quale? »

« Donatemi ancora un giorno di vita, solo un giorno! »

L'Imperatore si fece pensieroso e finalmente disse:

« Io credevo di essere l'uomo più potente della terra, ma ciò che tu mi domandi è al di sopra delle mie possibilità. Solo Dio ha il dono della vita ».

Con un profondo respiro, il servitore disse:

« Troppo tardi mi rendo conto che avrei dovuto impiegare più tempo nel servizio di Dio e meno nel servizio di un re della terra ».

Un libro indistruttibile

Durante la rivoluzione francese, un contadino bretone fu perseguitato per la sua fede in Dio.

Un soldato, vedendo la sua fermezza, gli disse:

« Perché credi ancora a queste cose? Presto uccideremo tutti i preti ».

« Sarà come il Signore vorrà », rispose lui.

« Calpesteremo le vostre croci e distruggeremo le vostre statue », aggiunse il soldato.

« Il Signore vi punirà per questo oltraggio ».

« I campanili e le chiese saranno distrutti. Non vi sarà più luogo dove potrete perpetuare le vostre superstizioni. Che cosa farete allora? »

« Ci sono cose che non potrete distruggere », ribatté il contadino.

« Quali? »

« Le stelle. Finché quel libro aperto esisterà, noi continueremo a insegnare ai nostri figli l'amore di Dio ».

«Guarda in su!»

Durante una tempesta, a un marinaio inesperto fu chiesto di salire in coffa per districare un mucchio di cordame. Esile e svelto, salì rapidamente ed eseguì l'ordine. Ma, mentre scendeva, guardò il mare in tempesta e fu preso dal panico.

«Perdo le forze!», gridò. «Non riesco a tenermi!»

«Non guardare in giù, guarda in su!», gli gridò l'aiutante.

Il marinaio con sforzo guardò in su e, riacquistata la calma e la fiducia, terminò la discesa.

Quando siamo presi dalla paura, da momenti di depressione o di ansietà, guardiamo al Signore con fiducia e umiltà. La sua grazia ci sosterrà.

«Dolce speranza è il conforto sovrano della nostra vita. La nostra gioia nel dolore, la nostra pace nelle difficoltà» (John Beaumont).

Non si è fratelli senza un Padre!

Il redattore di una rivista dichiarò che in periodi diversi della propria vita era stato ateo, agnostico, libero pensatore e anche indifferente. Sentiva che inconsciamente aveva sempre cercato un significato all'esistenza e un fondamento alla fratellanza degli uomini.

Finalmente approdò alla logica del cristianesimo, una volta intuito che è impossibile la fratellanza degli uomini senza la paternità di Dio.

«Ho ottantacinque anni e sono molto ammalato. Questo è il mio credo: credo in Dio unico, il creatore dell'universo. Egli governa con la provvidenza e deve essere onorato. E il servizio migliore che possiamo offrirgli è fare del bene agli altri suoi figli» (Benjamin Franklin).

La scala di preghiera

Arthur Rank, produttore cinematografico, suscitava la curiosità di tutti per l'abitudine di fare sempre le scale invece di usare l'ascensore. Quando gliene fu chiesta la spiegazione, rispose: « Sarebbe più facile prendere l'ascensore, ma preferisco fare la mia "scala di preghiera". Al mattino salgo le scale per avere alcuni minuti di preghiera, in modo da poter prendere decisioni giuste per le migliaia di uomini che lavorano con me e per i milioni che vedranno le mie pellicole. La sera scendo le scale per avere il tempo di ringraziare il Signore per il suo aiuto ».

Per mezzo di brevi preghiere, durante la giornata è più facile mantenere la calma e la serenità necessarie per collaborare con gli altri.

Offri la tua preghiera, anche breve, per quelli che lavorano nel campo delle comunicazioni sociali, affinché tutti possano occupare il proprio posto con responsabilità.

«Dio è con noi»

Durante l'ultima guerra mondiale, un bombardiere americano sorvolava il territorio tedesco. A bordo c'era anche il cappellano militare.

Quando l'antiaerea cominciò a sparare, il cappellano cercò di rassicurare i compagni: «Non abbiate paura, Dio è con noi».

Il mitragliere di coda ribatté: «Può darsi che Dio sia con voi in cabina, ma non è qui con noi».

Alcuni minuti dopo, un proiettile colpì e attraversò la torretta senza esplodere. Il mitragliere parlò nuovamente al radiotrasmettitore: «Attenzione, correggiamo: il Signore è arrivato adesso».

Molti pensano che, se Dio non si manifesta fisicamente, non è presente.

Che lo crediamo o no, Dio guida e protegge sempre l'umanità. Dio è amore.

Un grande chirurgo

Un chirurgo invitò un amico scrittore ad assistere a un difficile intervento. Mentre si preparava era fiducioso, ma un po' teso. Poi si raccolse in preghiera.

A operazione finita, lo scrittore manifestò la propria meraviglia per il fatto che un chirurgo di fama mondiale sentisse il bisogno di pregare, e disse:

« Pensavo che avessi fiducia nella tua abilità ».

« Il chirurgo è solo un essere umano », rispose il medico. « Sono sicuro che la scienza non sarebbe progredita tanto se non fosse stata assistita da qualche cosa di superiore all'uomo. Quando opero, mi sento così vicino a Dio che non so dove finisce la mia perizia e dove comincia la sua ».

« Io credo che la prima prova di un uomo veramente grande sia la sua umiltà » (John Ruskin).

Il problema di base

In un articolo del *Times* si legge che il problema razziale si risolve solo in parte se lo si riduce a termini politici, sociali ed economici.

Il problema è più profondo. L'articolo continua: « Bisogna considerare che, come per tutti i problemi dell'umanità, alla base c'è la questione religiosa. Essa deve essere risolta prima di tutte le altre se si vuole una soluzione duratura ed efficace. Il problema razziale non si risolve in termini puramente umani. I problemi nazionali e mondiali si possono risolvere solo se ognuno li considera propri ».

« Una società che proclama la morte di Dio è necessariamente portata a praticare la morte dell'uomo » (François Mauriac).

Il galeone affondato

Nel 1588 il galeone *Duque Florença* affondò al largo delle coste scozzesi. Sebbene non si fosse certi che trasportasse una grande quantità di oro, moltissimi uomini, ipnotizzati dalla leggenda, rischiarono la vita e denaro nel vano tentativo di ritrovare il tesoro.

La pazienza e la persistenza che gli uomini dimostrano nella ricerca delle cose terrene ricordano che dovremmo mettere maggior impegno nell'ottenere il tesoro che Dio ha garantito da tutta l'eternità agli uomini di buona volontà.

«Il paradiso non è dei pigri» (Giacomo Alberione).

Due storie

Un uomo domandò a un altro:

« Che cosa significa vivere nel miglior modo possibile? Quando moriamo tutto è finito! Perché non godersi la giornata? »

L'altro rispose:

« Ti racconto due storie. Scegli quella che vuoi. Quando muori, ti portano all'obitorio. Lì possono trarre un profitto dal tuo corpo, estraendone grasso per farne sapone. E gli spazzini portano le tue ceneri nella discarica comunale. Oppure, quando muori, comincia la tua vita vera. Come premio per aver praticato la legge di Dio, entri nell'eternità, nel luogo preparato per te da Dio fin dall'inizio dei tempi ».

L'uomo si rincuorò e cominciò a riflettere.

« Tutte le cose raggianti e belle,
tutte le creature grandi e piccole,
tutte le cose sapienti e meravigliose,
tutte le ha fatte il Signore ».

(Cecil Francis Alexander)

La rotta sbagliata

Un aereo si schiantò al suolo con quarantotto passeggeri a bordo.

Un'inchiesta rivelò che sulla carta con l'indicazione della rotta non era segnata una linea ad alta tensione.

Milioni di uomini navigano attraverso la vita senza direzione. Altri, forse senza colpa, seguono una rotta sbagliata con conseguenze tragiche per se stessi e per la società.

La vera carta della vita è la legge di Dio. È sicura. È l'unica a indicare i pericoli che una persona deve affrontare nel viaggio della vita. Tutti abbiamo il diritto di conoscere la carta di Dio e ognuno ha la responsabilità di farla conoscere.

«Noi siamo modellati e rimodellati dalle persone che ci amano; e sebbene l'amore passi, noi siamo tuttavia il loro lavoro, per il bene o per il male» (François Mauriac).

INDICE

LA PAROLA E LE PAROLE

La collana accoglie la Parola e le parole capaci di dare all'umanità contenuti e valori che, a motivo della garanzia divina e della saggezza scaturita dal rapporto con la Parola, trascendono tempi e mode.

1. *Parola senza tempo*
2. *I Salmi pregati da sant'Agostino*
5. *Il canto degli uccelli,* di A. de Mello
6. *I documenti del concilio Vaticano II*
7. *Un minuto di saggezza nelle grandi religioni,* di A. de Mello
8. *I documenti del concilio Vaticano II,* ed. tascabile
10. *Alle sorgenti,* di A. de Mello
11. *Piccola Filocalia della preghiera del cuore*
12. *La preghiera della rana*, 1° vol., di A. de Mello
13. *Filotea. Introduzione alla vita devota*, di Francesco di Sales
14. *Scintille. Dio, la vita e le persone in M. Zundel*
15. *La Madonna nel pensiero di san Bernardo e dei primi cistercensi*
16. *La preghiera della rana,* 2° vol., di A. de Mello
17. *Sui sentieri dell'amore con san Giovanni della Croce*
18. *Chiamati alla gioia. Un anno con Paolo VI*
19. *Sul filo della speranza*, di Francesco Licinio Galati
20. *Sàdhana, un cammino verso Dio*, di A. de Mello
21. *Le parole non dette,* di Kahlil Gibran
22. *Le encicliche sociali*
23. *Preghiamo con i Padri della Chiesa*
24. *Elogio del silenzio*, di Marc de Smedt
25. *Noibeddo (L'offerta)*, di Robindronath Tagore
26. *Il Padre nostro commentato da Primo Mazzolari*
27. *Papa Giovanni* dai suoi scritti
28. *La via semplice di Chuang Tzu*, di Thomas Merton
29. *Il Cristo*, di Robindronath Tagore
30. *Parole sussurrate*, di Kahlil Gibran
31. *La preghiera della cicala & Co.*, di Nazareno Fabbretti
32. *Chiamati all'amore*, di A. de Mello
33. *Il Padre nostro commentato dai Padri della Chiesa*, a cura di Agostino Clerici
35. *Le parole dette*, di Kahlil Gibran
36. *Citra*, di Robindronath Tagore
37. *Ascoltiamo l'Apostolo*, di Agostino di Ippona, a cura di Carlo Cremona
50. *Frammenti di saggezza*, due volumi in cofanetto
51. *Saggezza popolare dell'Oriente*, due volumi in cofanetto
52. *Le parole di Gibran*, tre volumi in cofanetto